中国工业增长因素研究

曾先峰 / 著

科 学 出 版 社

北 京

内 容 简 介

经济增长方式转型对于中国成功跨越"中等收入陷阱",以及实现两个百年奋斗目标至关重要,而工业增长方式的转型又是其中的关键。本书对中国工业增长方式及增长因素使用长时间序列数据,从工业整体、分行业及资源配置三个层次进行分析。全书分为 7 章,第 1 章为绪论,第 2 章对经济增长因素分析的相关文献进行梳理与评述,第 3 章为本书的理论基础及分析框架,第 4 章从总量角度分析中国工业增长因素,第 5 章分析工业行业的增长因素,第 6 章分析资源再配置对中国工业增长的贡献,第 7 章为结论与展望。

本书在传统的增长因素分解模型基础上增加人力资本因素及资源再配置因素,同时对工业总量及分行业数据统一调整为全部工业口径。本书可供高等院校相关学科的教师、本科生和研究生,非政府机构,研究机构,以及国家与地方政府产业政策的制定者及管理者参阅。

图书在版编目(CIP)数据

中国工业增长因素研究/曾先峰著. —北京:科学出版社,2017.12
ISBN 978-7-03-055804-6

Ⅰ. ①中⋯ Ⅱ. ①曾⋯ Ⅲ. ①工业经济-经济增长-影响因素-研究-中国 Ⅳ. ①F424

中国版本图书馆 CIP 数据核字(2017)第 300448 号

责任编辑:徐 倩 / 责任校对:王萌萌
责任印制:吴兆东 / 封面设计:无极书装

科 学 出 版 社 出版
北京东黄城根北街 16 号
邮政编码:100717
http://www.sciencep.com

北京京华虎彩印刷有限公司 印刷
科学出版社发行 各地新华书店经销
*

2017 年 12 月第 一 版 开本:720×1000 1/16
2017 年 12 月第一次印刷 印张:10
字数:194 000
定价:72.00 元
(如有印装质量问题,我社负责调换)

前　言

改革开放以来，中国历时三十余年的快速工业化进程是创造其"经济增长奇迹"的主要推动力。工业增加值由 1978 年的 1607 亿元增加到 2011 年的 19.51 万亿元，以不变价表示的工业增加值增长率为 11.8%，超过同期国内生产总值（gross domestic product，GDP）增长率。受美国次贷危机及全球经济衰退的影响，2011～2015 年中国工业增加值年均增长速度为 7.94%。1978～2015 年工业占国内生产总值比重的均值高达 40%。[①]

那么，中国工业快速增长的动力是什么？工业增长方式的长期动态演化如何？要素投入、技术进步、结构优化调整与资源再配置对工业增长分别发挥了怎样的作用？在当前，特别是中国进入中高速增长的新常态，工业化后期跨越"中等收入陷阱"及面临增长模式转型的关键时期，研究中国工业增长因素无论是在理论上还是在实践上都具有非常重要的意义。

本书以经济增长理论和发展经济学相关理论为主要理论基础，结合中国实际构建扩展的工业经济增长因素分解模型和资源再配置增长效应模型。在收集整理出统计口径相同、数据覆盖范围一致的中国工业投入产出数据的基础上，从三个层次对工业增长因素进行实证研究。根据实证分析结论提出相应的政策建议。

本书的主要工作和研究发现有以下几点。

（1）根据贝克尔、卢卡斯等学者的人力资本理论，将人力资本作为增长因素之一，构建三要素投入的增长因素分解模型，克服传统两要素增长模型中因遗漏重要解释变量而高估技术进步率的不足。使用扩展模型对 1952～2007 年中国工业总量增长因素的研究发现，1952～1995 年中国工业表现为粗放型增长，1996 年以后增长方式开始向集约型转变。

（2）突破传统的总量生产函数与指数方法不能反映工业行业增长异质性的局限，将面板数据与无任何强约束的超越对数生产函数相结合构建计量分析模型。实证研究发现，在 1985～2007 年工业行业的全要素生产率（total factor productivity，TFP）增长率分布在 -6.8% 到 11.4% 的较宽的区间内。在对技术密集型产业增长因素的研究中发现，智力要素贡献度已经超过初级要素，在劳动密集型产业中两者贡献度大体相等，这两个产业部门表现为集约型增长。在资本密集

[①] 工业增加值 1978 年的数据来源于《中国国内生产总值核算历史资料 1952—1995》，其余年份的数据来源于《中国统计年鉴》。

型产业、采矿业与公用事业部门中智力要素对产出增长的贡献度较小，这些产业部门仍然表现为粗放型增长。单独对垄断性行业的增长核算发现，垄断性行业的增长完全依靠初级要素投入，智力要素的贡献度为负。

（3）通过添加人力资本变量拓展钱纳里-塞尔奎因模型定量研究中国工业的资源再配置效应，克服原模型不能反映人力资本存量变化对生产率增长的影响的不足。利用该拓展模型将资源再配置总效应进一步分解为劳动再配置效应、资本再配置效应和人力资本再配置效应，以充分反映不同投入要素在工业行业之间的分布和配置效率，为中国制定有针对性的差异化的产业政策，引导生产要素流动，提高资源再配置效应，推进经济增长方式转变提供理论依据。实证分析发现，自1985 年以来，中国工业整体生产效率的提高主要依赖于工业行业自身的技术进步，结构红利对生产效率的提高发挥一定作用，但对整体的影响并不显著。

（4）运用分类加总法和比例调整法，将 1997 年以前的乡及乡以上独立核算工业口径，以及 1998 年以后的全部国有工业及规模以上非国有工业口径统一调整为全部工业口径，解决长期以来工业统计口径不统一的难题，克服已有研究局限于某一较短的时段，或者局限于部分类型的工业企业（特别是国有工业企业）的不足。同时将按照不同分类标准的工业行业统一归并为按照 GB/T 4754－2002 标准分类的工业行业。目前，国民经济行业分类标准已更新到 2017 年的标准，即 GB/T 4754—2017，但本书对数据的处理仍使用 GB/T 4754—2002 标准。在此基础上构造出 1952～2007 年工业总量投入产出时间序列数据库与 1985～2007 年 36 个两位数工业行业面板数据库。

特别感谢西安交通大学李国平教授所提供的指导。西安外国语大学为本书的出版提供资助，在此表示感谢。

曾先峰
2017 年 7 月

目　录

第1章 绪 论

1.1 研究背景与问题的提出

在 1960~1995 年,韩国国内生产总值的平均增长率为 8.2%,中国台湾、中国香港的地区生产总值分别为 8.3%、7.7%,新加坡国内生产总值的平均增长率为 8%。[1]这些国家和地区的收入水平每八年翻一番,创造了"亚洲奇迹"(World Bank,1993)。[2]Young(1992,1994,1995)、Kim 和 Lau(1996)、Hsieh(2002)、Bosworth 和 Collins(2003)、Kim 等(2007)等学者仔细分析了"亚洲奇迹"背后的增长因素,得到的结果却与人们的传统认识完全不同:这些亚洲新兴工业化国家(地区)的快速增长主要依靠初级要素(资本和劳动力)的大量投入(图 1-1),而在生产效率上,这些创造奇迹的亚洲国家(地区)并没有更优异的表现(表 1-1)。

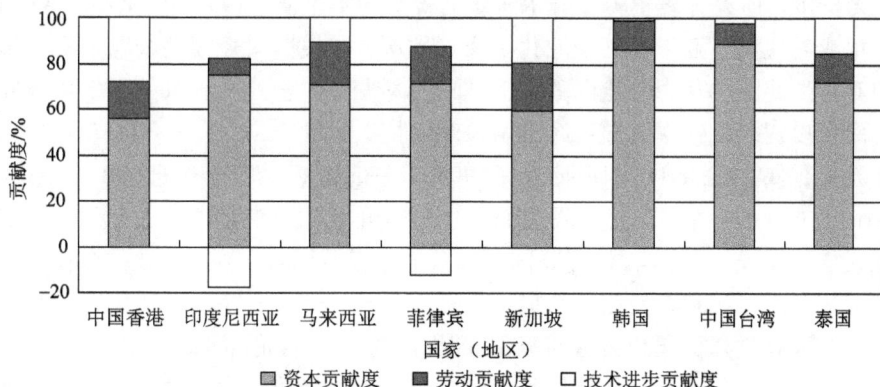

图 1-1 东亚和东南亚新兴经济体的增长因素(1960~1990 年)

资料来源:Kim 和 Lau(1996)

表 1-1 韩国、新加坡和中国的香港、台湾地区与世界其他国家(地区)的平均全要素生产率增长率比较

单位:%

国家(地区)	时期	增长率	国家(地区)	时期	增长率
新加坡	1966~1990 年	0.2	意大利	1960~1989 年	2.0
韩国	1966~1990 年	1.7	德国	1960~1989 年	2.6

---

[1] 数据来源于 Iwata 等(2002)。

[2] 计算收入翻番所需时间的方法是用增长率的百分点除 69(2 的自然对数乘 100)。

续表

国家（地区）	时期	增长率	国家（地区）	时期	增长率
中国香港	1966~1991年	2.3	法国	1960~1989年	1.5
中国台湾	1966~1990年	2.1	加拿大	1960~1989年	0.5
美国	1960~1989年	0.4	墨西哥	1940~1985年	1.2
英国	1960~1989年	1.3	智利	1940~1985年	0.8
日本	1960~1989年	2.0	巴西	1950~1985年	1.6

资料来源：新加坡、韩国、中国香港、中国台湾数据来自 Young（1995），意大利、德国、美国、英国、日本、法国、加拿大的数据来自 Dougherty（1991），墨西哥、智利、巴西的数据来源于 Elias（1992）

根据上述实证结果，Krugman（1994）进一步指出，仅仅增加要素投入而不提高这些投入要素（包括投资于机器设备与基础设施）的使用效率，那么一定会遇到投资的报酬递减问题。因此，这些亚洲新兴工业化国家（地区）单纯依靠投入驱动获得的高增长难以长期保持，所谓的"亚洲奇迹"只是"纸老虎"，应该给公众对亚洲繁荣的热情泼点冷水了。刘遵义（1997）则进一步认为，亚洲新兴工业化国家（地区）在经济增长中缺乏技术进步的主要原因在于对无形资本（包括人力资本、研究开发资本和技术进步）投资的水平低。1997年，Krugman的预言不幸成为现实，亚洲新兴工业化国家（地区）爆发了大规模的金融危机。虽然人们对亚洲经济体从奇迹走向危机的认识不尽一致，但这些国家的投资由政府主导，而且投资缺乏效率，导致经济增长难以持久。[1]

无独有偶，Easterly 和 Fischer（1994）、Brixiova 和 Bulir（2003）、Bajona 和 Locay（2009）等学者将苏联在 20 世纪 60 年代以后的经济衰退归因于长期的外延式增长模式。[2]表 1-2 是苏联同美国等五个发达国家，以及东亚的韩国、中国的香港与台湾地区和东南亚的新加坡的资本-产出比变动情况的对比。在五个发达国家中，只有联邦德国和英国的资本-产出比有不到 1% 的正增长，其他三个国家均为不同程度的负增长。创造增长奇迹的新加坡、韩国、中国的香港与台湾地区的资本-产出比全为正增长，增长率最高的是韩国，达到 3.62%，中国香港地区的增长最慢，但也远高于发达国家的水平，达到 0.84%。苏联资本-产出比的增长率为所有国家（地区）的最高水平，达到 3.75%。

---

① Radelet 等（1998）、Krugman（1998）、Corsetti 等（1998）等众多学者认为，创造奇迹的国家长期的高投入带来了资本生产率和投资回报率的"双降"，这使国际投资者的信心丧失，国际资本的逃离是造成危机的一个最主要的原因，而金融危机又恰好为这些国家转变增长模式提供了契机。根据 Radelet 等（1998）提供的数据，五个发生危机的东亚和东南亚的部分国家（印度尼西亚、韩国、马来西亚、菲律宾、泰国）净流入的国际资本由1994年的450亿美元上升到1996年的930亿美元，但在1997年，这种情况却发生了逆转，国际资本净流出121亿美元。1996~1997年的资本流动落差达到1051亿美元，几乎是这五个国家国内生产总值的11%。

② Ofer（1987）将苏联的外延式增长模式定义为资本-产出比的上升。

表 1-2　苏联与其他国家（地区）资本-产出比增长率的国际比较　　单位：%

国家（地区）	时期	资本-产出比增长率	国家（地区）	时期	资本-产出比增长率
苏联	1950～1984 年	3.75	中国香港	1966～1991 年	0.84
法国	1950～1984 年	−0.45	新加坡	1970～1990 年	2.79
联邦德国	1950～1984 年	0.16	韩国	1966～1990 年	3.62
日本	1950～1984 年	−0.91	中国台湾	1966～1990 年	2.55
英国	1950～1984 年	0.62			
美国	1950～1984 年	−0.07			

资料来源：苏联和发达国家数据来源于 Maddison（1989），"亚洲四小龙"数据来自 Young（1994）

　　苏联似乎复制了亚洲新兴工业化国家（地区）的发展模式：在资本投入大量增加的同时，生产效率的提高却非常缓慢。首先是资本边际产出持续下降。根据 Easterly 和 Fischer(1994)的测算，苏联工业的资本边际产出在 1950～1956 年大约维持在 0.25 的水平，但在 20 世纪 50 年代末以后出现快速下降，1976～1987 年资本-产出比几乎接近零的水平，经济整体的资本边际产出也从 20 世纪 50 年代初的 0.5 持续下降到 1987 年的 0.05 左右。其次是技术进步停滞不前。根据 Khanin（1995）的估算，在 1950～1960 年苏联物质部门的全要素生产率增长率为 3.8%，而在 1960～1976 年、1970～1980 年及 1980～1987 年分别为 1.5%、0.4%和 0.4%。

　　同亚洲新兴工业化国家（地区）一样，苏联依靠大量增加投入推动的外延式增长模式具有不可持续性（吴敬琏，2006）。在经过 20 世纪 50 年代的快速增长后，从 20 世纪 60 年代开始其增长速度一路走低，1960～1969 年为 3%，1970～1979 年下降到 2.1%，1980～1987 年更是下降到 1.4%，低于当时世界的平均增长率（Easterly and Fischer，1994）。[①]经济陷入困境是苏联最终解体的一个主要原因。

　　同亚洲新兴工业化国家（地区）和苏联形成对照的是西方发达工业化国家，其经济持续增长的动力主要来源于生产效率的提高。表 1-3 是 G-7 国家在 1960～1989 年的增长因素统计。

表 1-3　1960～1989 年 G-7 国家产出增长因素　　单位：%

产出增长因素	美国	加拿大	日本	法国	英国	意大利	联邦德国
人均资本存量	33.3	45.2	39	44.2	46.3	34.6	47.5
资本质量提高	8.3	5.4	−1.5	2.2	3.5	10.2	6.2

---

　　① 苏联在 1950～1959 年是的经济增长率达到 5.8%。在整个 20 世纪 80 年代，世界经济陷入衰退，这一时期世界平均增长速度为 2%。

产出增长因素	美国	加拿大	日本	法国	英国	意大利	联邦德国
人均工时	13.7	13	1.4	-20.4	-18.4	-4	-20.2
劳动力素质提高	18.5	14.6	11.4	14.5	11.4	3.4	8.9
全要素生产率	26.2	21.8	49.8	59.6	57.3	55.8	57.6
总计	100	100	100	100	100	100	100

资料来源：Dougherty 和 Jorgenson（1996）

　　表 1-3 的数据显示，在 1960～1989 年，日本、法国、英国、意大利和联邦德国的全要素生产率增长率对经济增长的贡献度远远超过要素投入的贡献度。对美国和加拿大而言，全要素生产率增长的贡献度高居第二位。20 世纪 90 年代以后，美国等西方发达国家利用以信息技术革命和全球化为基础的"新经济"，迎来了自第二次世界大战以来又一个发展黄金期。Stiroh（2002）的研究指出，生产要素向电子计算机及相关产业的再配置使美国的全要素生产率增长率从 1973～1995 年的 1.35%提高到 1995～2000 年的 2.48%。

　　上述国家的不同增长轨迹表明，以技术进步为主要推动力的集约型增长方式对经济可持续增长至关重要。从 20 世纪 70 年代末实施经济改革开始，中国一跃成为世界上增长速度最快的国家，过去 30 年国内生产总值的平均增速超过了 9%，创造了新的增长奇迹（林毅夫等，1994）。中国工业的平均增长速度更是达到 11.8%，成为最具活力的、主导中国经济增长的主要力量。那么，在一个背负约 13 亿人口载重，工业基础薄弱，且正在进行艰难体制转轨的特殊背景下，中国工业如何实现快速增长？这种高增长背后的动力是什么？增长因素的动态演化轨迹如何？这些挑战经济学家们智慧的关键性问题，不仅是判断自改革以来中国工业乃至经济整体增长方式及改革绩效的重要依据，而且事关未来经济增长的可持续性，因而意义重大。

　　另外，中国工业的快速增长还伴随着产业结构的调整和资源的再配置。图 1-2 显示的是 1985～2007 年工业的五个产业部门不变价工业增加值比重的动态变化。[①]

　　从图 1-2 中不难看出，在 1985～2007 年，除技术密集型产业外，其余四个产业部门的工业增加值份额均有不同程度的下降，其中，采矿业的工业增加值份额由 0.023 下降到 0.009，下降幅度达到 60.9%；劳动密集型产业、资本密集型产业与公用事业的增加值份额分别下降了 16.6%、34.5%和 32.3%。而技术密集型产业的增加值份额则由 0.31 提高到 0.49，提高幅度为 58.1%。

---

　　① 在中国统计资料中将整个工业划分为三个产业部门，即采矿业、制造业与公用事业。本书进一步将制造业分为劳动密集型产业、资本密集型产业与技术密集型产业三类。因此，整个工业包括五个产业部门。具体的划分标准见第 5 章的详细说明。

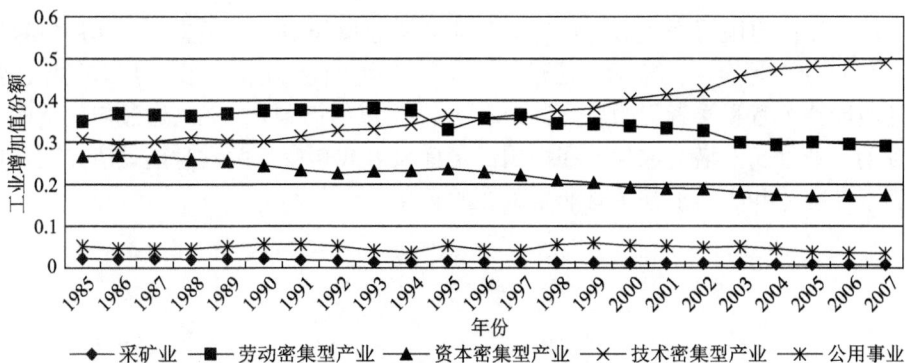

图 1-2　工业五个产业部门不变价工业增加值份额变化（1985～2007 年）

与工业产业部门增加值份额变动相对应的是要素在工业行业之间的流动和再配置。图 1-3 是工业五个产业部门劳动投入份额的变化趋势。图 1-3 显示，在 1985～2007 年，劳动密集型产业、技术密集型产业与公用事业的劳动力份额增加，其中公用事业增加的幅度最大，达到 60.07%。劳动密集型产业与技术密集产业提高的幅度分别为 8.04% 和 13.36%。采矿业与资本密集型产业的劳动份额在减少，减少的幅度分别为 26.46% 和 18.2%。

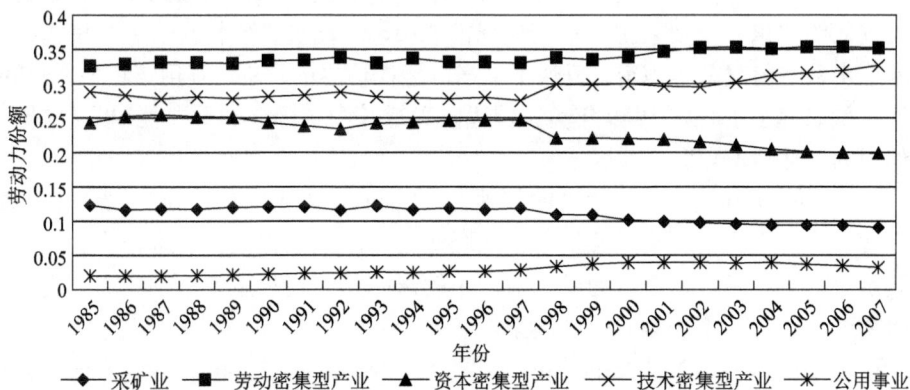

图 1-3　工业五个产业部门劳动力份额变化（1985～2007 年）

除劳动力外，资本投入同样在工业行业之间发生了流动和再配置。根据 Kuznets（1971，1973）、Chenery 等（1986）、Timmer 和 Szirmai（2000）、Peneder（2003）及 Foster 等（2008）等学者的观点，当生产要素由生产率水平低的部门流向生产率水平高的部门时，经济整体的生产率水平将会提高。资源的流动和再配置是提升生产率水平和经济增长的主要因素之一。各国工业化的实践也表明，结构变动，特别是产业结构的变动构成了工业化时期经济增长的主要内容。没有结构变化就没有经济持续增长（刘国光，1997）。

如上所述，中国的工业结构和生产要素的配置状况已经发生了显著变化，那么生产要素的再配置在改革开放以来工业的快速增长中发挥了怎样的作用？特别地，2008 年全球金融危机后，通过结构调整实现"保增长，转变发展方式"已经成为政府决策者和学者们的普遍共识。①随之而来的问题是，未来通过产业结构调整推动工业增长的潜力如何？在中国经济增长方式转变的关键时期，研究工业增长因素在理论和实践上都具有非常重要的意义。

1.2　概　念　界　定

经济增长因素（growth factors）的概念首先由美国斯坦福大学的 Abramovitz（1956）在 1956 年向美国国民经济研究局（National Bureau of Economic Research，NBER）提交的工作报告中提出，他将美国人均收入的增长归因于投入资源（劳动投入和资本投入）的增长与生产率的增长两部分，并认为要素投入和生产率是影响国民收入的增长因素。

其后，诺贝尔奖获得者 Solow（1957）在新古典生产函数的基础上正式提出了增长因素分解模型（也被称为增长核算），他将产出增长分解为两部分：一是全要素生产率增长；二是资本和劳动投入增长的加权平均，权数为相应要素收入占总收入的比重。全要素生产率包括规模节约、劳动者素质提高（人力资本）、技术进步及测量误差等内容，反映了生产可能性边界的移动。利用该模型，Solow 首次定量研究了 1909～1949 年美国国民收入增长中各因素的重要性，以及它们相对作用的变化情况。

在 Solow 增长因素分解模型的基础上，Lucas（1988）、Mankiw 等（1992）等学者认为，人力资本也是经济增长的因素之一。他们将人力资本作为独立的生产要素引入生产函数，把人力资本对产出的影响从全要素生产率中分离了出来，从而拓展了 Solow 增长因素分解模型。

以 Masell（1961）、Jorgenson（1988）、Nordhaus（2002）为代表的学者认为，资源（资本和劳动力）由生产率较低行业向生产率较高行业的转移和再配置能够提高经济整体的生产效率，非均衡条件下的结构转变也是经济增长的重要因素。在此基础上，Chenery 等（1986）提出了"资源再配置效应"的概念，用资源再配置效应表示劳动和资本等要素流动对经济整体生产率的影响，并将经济整体的全要素生产率增长率分解为两部分：资源再配置效应与纯生产率增长（用行

---

① 2009 年 2 月国务院发展研究中心金融所名誉所长夏斌在《党建研究》上撰文指出，保增长的重点是进行结构调整。工信部部长李毅中在 2009 年中国发展高层论坛年会上指出，保增长的关键在工业，重点是推进产业组织结构调整。在 2010 年的两会上，温总理的政府报告中将"加快转变经济发展方式，调整优化经济结构"作为当年政府八个主要工作之一。

业全要素生产率增长率的加权平均值表示）。Timmer 和 Szirmai（2000）将"亚洲四小龙"的制造业资源再配置对生产率增长的正向影响称为结构红利。

诺贝尔奖获得者斯蒂格利茨（2000）在其经典教科书《经济学》中明确指出，经济增长的因素有四个：投资、受过良好教育的劳动力、资源从低生产率部门向高生产率部门的再配置与技术变革。

根据上述研究，本书首先将 1952～2007 年中国工业总量增长因素界定为：劳动投入增长、资本投入增长、人力资本存量增长、总量全要素生产率增长四部分。总量生产函数隐含假定行业同质与市场均衡，因此资源再配置不能增加总产出。

其次，将 1985～2007 年中国工业行业增长因素界定为资本投入增长、劳动投入增长、人力资本存量增长和行业全要素生产率增长四部分。利用行业生产函数进行增长核算的前提假设是行业间的增长异质性。

再次，由于行业增长的异质性，那么就存在生产要素从低生产率行业向高生产率行业再配置的帕累托改进。因此，将 1985～2007 年行业加总的工业整体增长因素界定为资本投入增长、劳动投入增长、人力资本存量增长、资源再配置、纯生产率增长（用行业全要素生产率增长率的加权平均值表示）五部分。其中，资源再配置与纯生产率增长是工业整体全要素生产率增长率的组成部分。在增长因素中，劳动投入增长和资本投入增长属于初级要素，人力资本存量增长和全要素生产率增长率为智力要素。需要指出的是，工业整体的全要素生产率与行业的全要素生产率内涵不同，区别在于工业整体的全要素生产率包括了行业间结构转变的成分。

最后，将"资源再配置效应"定义为劳动投入、资本投入和人力资本存量等生产要素在工业行业之间的转移和再配置对工业整体全要素生产率增长的影响。通过添加人力资本因素，本书拓展 Chenery 等（1986）的资源再配置效应的概念。

通过对工业增长因素的理论梳理和概念界定不难发现，对一个国家的工业增长因素可以从工业总量增长因素、行业增长因素和结构转变即资源再配置因素这三个视角进行多维度的考察。中国正处于体制转轨和工业化发展中的结构转变的重要时期，考察资源（资本、劳动力、人力资本）由生产率较低的行业向生产率较高的行业转移和再配置对提高工业整体生产效率与产出增长的作用，具有十分重要的理论价值和现实意义，因此，本书将分别进行中国工业总量增长因素分析、中国工业行业增长因素分析、中国工业增长的资源再配置因素分析。

另外，通过增长、核算、分解、量化工业增长的外延因素和内涵因素，使之能够揭示工业增长方式的特征。当工业产出增长主要源于资本投入增长和劳动力投入增长时就认为是粗放型增长，而当工业产出增长主要源于生产率提高和人力资本存量的增长时就认为是集约型增长。

工业总量增长因素、行业增长因素、资源再配置因素与工业整体增长因素分析如图 1-4 所示。

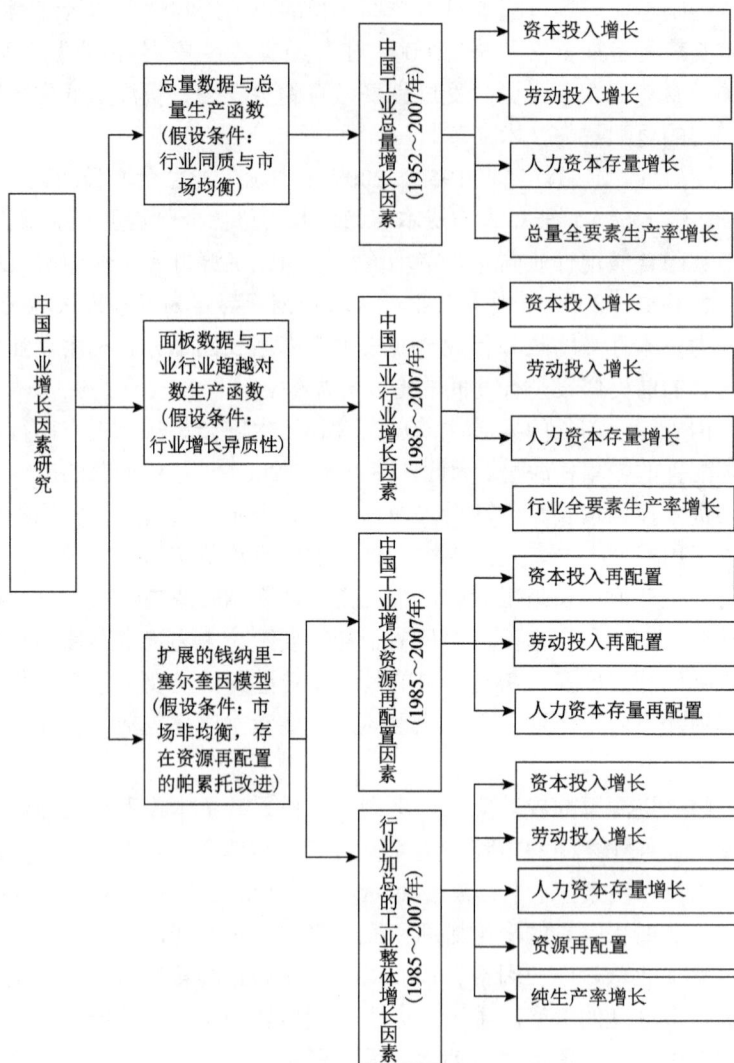

图 1-4　工业总量增长因素、行业增长因素、资源再配置因素与工业整体增长因素分析

1.3　研究目的与意义

1.3.1　研究目的

在当前经济增长方式转变的关键时期，中国所面临的核心问题是，如何以可持续的方式使经济保持较快的增长速度。围绕这一核心问题，仔细甄别不同来源

与不同统计范围的原始数据，并将其整理为统计口径相同、数据覆盖范围一致的工业投入产出数据。本书从三个层次研究中国工业增长因素，以探寻中国工业增长方式的特征及动态演变轨迹，发现增长方式转变的外延因素和内涵因素，揭示中国工业经济增长方式转变的路径，为中国工业实现又好又快增长提供理论依据和政策建议。

（1）基于总量生产函数和拓展的增长因素分解模型考察 1952～2007 年中国工业总量增长因素。

（2）基于面板数据和超越对数生产函数考察 1985～2007 年中国 36 个两位数工业行业的增长因素。

（3）基于拓展的钱纳里-塞尔奎因模型考察 1985～2007 年中国工业增长的资源再配置因素，并进一步分析行业加总的工业整体增长因素。

1.3.2 研究意义

1. 理论意义

首先，根据 Becker（1964）、Lucas（1988）等学者关于人力资本是经济增长因素的思想，通过添加人力资本要素构建三要素投入增长因素分解模型。在传统的两要素新古典增长模型中，全要素生产率包括了技术进步、测量误差、遗漏变量、制度改进、效率改善等众多因素，当以全要素生产率作为度量技术进步的指标时，就会造成对技术进步率的高估。扩展模型将人力资本对产出增长的作用从全要素生产率中分离出来，使全要素生产率更加接近于真实的技术进步。但是，在现有对中国工业增长因素核算的研究中，大多数研究没有考虑人力资本因素。本书所构建的理论模型弥补现有研究的不足。

其次，现有的对中国工业增长资源再配置因素的研究集中于分析劳动力再配置对劳动生产率的影响，少数几篇文献研究了资源再配置因素对全要素生产率增长的作用。虽然产业结构调整对中国工业持续稳定增长的关键性作用已经受到人们越来越多的重视，但对于资源再配置因素对中国工业增长的贡献无论是在理论方面还是在实证方面都研究得不充分。本书利用拓展的钱纳里-塞尔奎因模型定量研究 1985～2007 年工业行业间的资源再配置对中国工业产出增长的贡献是对现有研究的补充。

最后，已有的对中国工业增长因素的研究大多基于总量生产函数，总量生产函数隐含的假设是所有工业行业生产函数具有相同的形式（行业的同质性假定）。然而，由于工业行业之间在要素密集度、产品的生命周期、生产特征等方面存在较大差异，行业增长表现出较强的异质性。本书将工业行业的面板数据与不包含任何强假定的超越对数生产函数相结合构造计量分析模型，该模型能够充分反映工业行业之间的增长异质性。根据各行业技术进步的具体特征估算的工业生产率数值更加可靠。本书的研究是对中国工业增长因素研究的新尝试，为广受争议的新兴工业化国家的增长动力问题提供来自中国的新证据。

2. 现实意义

第一，本书的研究结论有助于进一步推动中国工业乃至国民经济增长方式的转变，实现中国工业与国民经济长期稳定增长。尽管在过去的 30 年中，中国经济获得了快速发展，但大家普遍认为，依靠出口和投资驱动的高增长不可持续。1998 年亚洲金融危机、2004 年宏观经济过热及 2008 年全球金融危机已经多次凸显出转变这种增长模式的重要性。政府决策部门也对工业与经济增长方式进行了反思和调整。中共十五大首次提出走中国特色新型工业化道路和可持续发展战略；中共十七大又提出科学发展观的思想和促进国民经济又好又快发展的要求。本书对中国工业增长因素的研究，有助于人们准确认识中国工业增长方式的动态演变轨迹与增长方式转变的路径，对进一步推进工业增长方式转变，实现经济又好又快增长具有重要作用。

第二，本书的研究结论不仅有助于加快工业结构的调整速度，而且有助于提升中国产业在新一轮国际分工格局中的地位。经济增长的过程总是伴随着产业结构的变迁。产业的内部升级和结构调整既是推动集约型增长的动力，又是提升中国产业在国际分工格局中地位的关键。2008 年爆发的全球性金融危机对中国的实体经济造成了一定的冲击，但也提供了世界经济格局发生重大调整的时机，加快推进中国工业结构的调整和产业结构的优化升级，以及提供了一个提高中国产业在新一轮国际分工中地位的机会。本书对工业行业增长因素的研究表明，中国进一步通过结构调整实现经济较快增长的潜力巨大，为政府决策者制定有关结构调整和产业结构优化升级的政策提供理论依据。

1.4　研 究 方 法

1.4.1　规范研究与实证研究相结合的方法

实证分析仅回答一种经济现象"究竟是什么"的问题，而不作"应该是什么"的价值判断。与此相对，规范分析需要对"应该是什么""应该怎样发展"等问题做出包含价值判断的回答。本书更多地侧重于运用现代经济计量学方法，特别是时间序列数据分析方法与面板数据分析方法，对我国工业总量及分行业的生产率水平和增长因素进行实证分析。面板数据既包括了单个行业变化的动态信息，又包括了行业之间的差异信息，信息量较为丰富，因此可以从时间动态和个体差异两个方面考察工业行业生产率的动态变化。本书对各种经济增长理论及资源再配置效应理论的分析属于规范分析的范畴。

1.4.2 定量研究与定性研究相结合的方法

自然科学与经济学的一个显著区别就在于对理论和数据应用的侧重点不同。自然科学更加注重数据，而经济学则更加注重理论。但作为一门社会科学，经济学本质上是用来解释社会现象的，在经济学中对许多从现实中抽象出来的理论和假说的实证都建立在数据、模型的基础之上。因此，运用必要的数据进行定性与定量相结合的研究显得越来越重要，这也成为经济学发展的必然要求。本书运用大量的数据资料定量研究我国工业总量、分行业的增长因素、资源再配置对工业整体生产率增长的效应及对产出增长的贡献。这些定量分析有助于人们认识我国工业增长方式的数量特征。针对我国工业增长方式的转变所提出的政策建议则属于定性研究的范畴。

1.4.3 比较研究方法

当经济变量本身难以获得一个评价标准时，比较研究方法往往为问题的分析提供一个参照。本书也大量使用比较研究方法，例如，对在改革开放前后我国工业增长因素的对比分析，对我国的劳动生产率与资本生产率同发达国家和发展中国家的对比分析，工业行业之间增长因素的对比分析，工业不同产业部门之间（采矿业、劳动密集型产业、资本密集型产业、技术密集型产业和公用事业等）增长因素的对比分析，等等。

1.5 研究内容与技术路线

1.5.1 研究内容

本书首先从理论上揭示除初级要素投入（资本与劳动）和技术进步外，人力资本投入和资源再配置也是经济增长的主要因素。然后从三个层次对中国工业增长因素进行实证研究，这三个层次分别是工业总量增长因素、工业行业增长因素及工业增长的资源再配置因素。全文共分 7 章，具体安排如下。

第 1 章是绪论。本章的内容有以下几点：第一，提出本书的研究背景；第二，相关概念的界定；第三，给出本书的研究目的和研究意义；第四，研究方法；第五，本书主要内容和技术路线。

第 2 章是相关文献述评。从三个方面梳理对中国工业增长因素研究的相关文献。一是关于使用总量数据对中国工业增长因素的研究的文献；二是研究工业资源再配置效应及其对产出增长贡献的文献；三是研究中国工业行业增长因素的文献。

第 3 章是理论基础与研究框架。理论基础部分主要讨论各种增长理论所强调的增长因素，以及资源再配置与经济增长之间关系的各种不同的观点。研究框架部分主要介绍在总量数据下添加人力资本的扩展增长因素分解模型；利用无强假定的超越对数生产函数估计工业行业全要素生产率增长率，构建行业增长因素核算理论模型；拓展钱纳里-塞尔奎因模型并定量研究中国工业资源再配置效应。

第 4 章中国工业总量增长因素分析（1952~2007 年）。该章利用总量数据与总量生产函数分析 1952~2007 年工业总量全要素生产率增长率与增长因素。第一部分是数据整理。详细介绍全部工业口径下的不变价工业增加值、资本投入、劳动投入及人力资本数据的收集和处理。第二部分是资本生产率分析。第三部分是劳动生产率分析，并将不同国家的资本生产率与劳动生产率进行比较分析。本书还将劳动生产率的增长进一步分解为技术进步、资本深化和人力资本水平的提高三部分。在该章的最后使用拓展的增长因素分解模型和隐性变量（latent variable，LV）法研究中国工业总量的增长因素。

第 5 章是中国工业行业增长因素分析（1985~2007 年）。第一部分是 1985~2007 年 36 个两位数工业行业"全部工业"口径投入产出数据的整理。第二部分是估计方法和实证结果。将面板数据与超越对数生产函数结合构建计量分析模型，估计工业行业的要素产出弹性与全要素生产率增长率，在此基础上核算工业行业及五个产业部门（采矿业、劳动密集型产业、资本密集型产业、技术密集型产业与公用事业）的增长因素。本书还单独核算垄断性行业的增长因素。

第 6 章是中国工业增长的资源再配置因素分析（1985~2007 年）。首先，分析劳动力再配置对劳动生产率增长率增长的效应；其次，分析资源（劳动力、资本和人力资本）在行业之间的再配置对工业整体全要素生产率增长率的影响效应（资源再配置效应），并进一步将行业加总的工业整体增长因素分解为资本投入贡献、劳动投入贡献、人力资本贡献、资源再配置和纯生产率增长五部分；再次，将资源再配置对工业整体全要素生产率增长的效应进一步分解为资本再配置效应、劳动力再配置效应和人力资本再配置效应；最后，从资本和劳动力两个方面分析中国资源再配置效应弱的原因。

第 7 章研究结论与展望。该章第一部分总结主要结论；第二部分是政策建议；第三部分是主要创新点；第四部分是对本书后续研究的展望。

1.5.2　研究思路及技术路线

本书在写作过程中，遵循从理论分析到实证分析的研究思路，本书整体的研究思路可以分为三个相互联系的部分。

第一部分属于理论分析。首先，根据新古典经济增长理论及 Becker（1964）

和 Lucas（1988）等学者的人力资本理论，构建三要素投入的扩展增长因素分解模型，该模型是本书分析工业总量及行业增长因素的理论基础；其次，基于发展经济学中的资源（资本与劳动力）由生产率较低行业向生产率较高行业的转移和再配置能够提高经济整体生产效率的观点，将行业加总的工业整体增长因素分解为资本投入增长、劳动投入增长、人力资本存量增长、资源再配置与纯生产率增长；最后，通过添加人力资本因素构建拓展的钱纳里–塞尔奎因模型，将资源再配置对工业整体全要素生产率增长的总效应分解为劳动力再配置效应、资本再配置效应与人力资本再配置效应。

　　第二部分是实证分析。本书的实证研究在三个层次上展开。首先，利用拓展的增长因素分解模型，基于总量数据及总量生产函数研究 1952～2007 年中国工业总量增长因素；其次，放松对总量生产函数中的行业同质性的假定（乔根森和格瑞里彻斯，1998），使用 1985～2007 年 36 个两位数工业行业的面板数据和不施加任何强假定的超越对数生产函数研究工业行业的增长因素；最后是基于拓展的钱纳里–塞尔奎因模型研究中国工业增长的资源再配置因素，并分析行业加总的工业整体增长因素。

　　第三部分是主要结论和政策建议。归纳本书的基本结论、可能的创新之处及后续研究展望，并为推进中国工业增长方式转变，实现经济又好又快增长提出政策建议。

　　本书的技术路线见图 1-5。

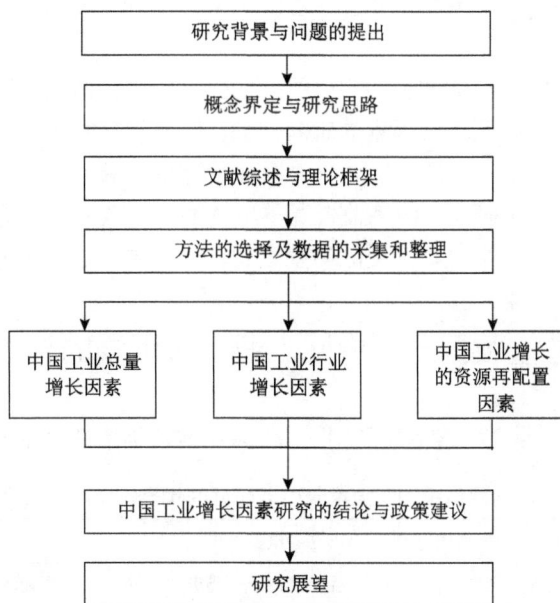

图 1-5　技术路线

第 2 章　中国工业增长因素研究述评

改革开放 30 多年来,中国在经济领域中的成绩斐然,创造了令人难以置信的"奇迹"。广泛而深刻的经济改革不仅显著地提高了人们的生活水平,而且为中外经济学家研究转轨经济提供了成功的范例,吸引了越来越多的专家学者探究其中的奥秘。而有关中国经济"持续高增长"背后的动力或经济增长因素问题尤其受到学者们的关注。

国内学者对我国经济增长因素及全要素生产率的研究始于 20 世纪 50 年代(李京文,1996)。但由于思想认识、理论准备及数据的可获得性等方面的原因,当时的研究主要局限于劳动生产率。改革开放以后,中国的经济理论界以非常开放的态度引进了东、西方各国不同流派的经济理论(盛洪,1996)。国外经济理论,尤其是西方主流经济理论的引进,一方面推动了经济理论研究和教学等基础性工作,另一方面出现了大量的应用西方经济理论和现代经济学方法研究中国改革实践的文献,20 世纪 90 年代以后大量涌现对中国生产率及增长因素的研究就是其中一例。一些重要的研究成果包括史清琪等著的《技术进步与经济增长》,李京文、乔根森等著的《生产率与中美日经济增长》,李京文、郑玉韵、薛天栋等著的《中国生产率变动趋势之研究》,赛风、张信传等著的《论工业生产率》等专著。

工业作为主导中国经济增长的部门更是受到了学者们的高度关注,学术界涌现了大量关于工业生产率及增长因素的研究文献。根据研究的切入点和内容,这些文献主要集中在三个方面:一是运用总量数据和总量生产函数,研究中国工业生产率状况与增长因素;二是研究中国工业资源再配置的增长效应;三是研究工业行业的增长因素。本书在下文中对相关文献的整理和评述主要从这三个方面展开。

2.1　对利用总量数据分析中国工业增长因素的相关研究的回顾

表 2-1 是利用总量数据对中国工业生产率及增长因素研究的代表性文献汇总。

表 2-1　总量数据中国工业增长因素研究的代表性文献及研究结论

作者	样本范围	时间范围	研究方法	基本结论
Chen 等(1988a)	国营工业企业	1953~1985 年	计量回归分析法	国营工业企业的全要素生产率年均增长率约为 2.6%,其中,在 1953~1978 年为 1.1%,在 1978~1985 年为 5.9%

续表

作者	样本范围	时间范围	研究方法	基本结论
郭克莎（1993）	国营工业企业	1953～1988 年	收入份额法	国营工业企业全要素生产率增长率平均为 0.04%～0.91%，其中在 1978～1988 年为 0.98%～1.92%。全要素生产率增长对产出增长的贡献度在 1979～1983 年最大，为 25.4%～33.2%。初级要素投入是工业产出增长的主要推动力
Groves 等（1994）	四个省份的 769 家国营企业	1980～1989 年	计量回归分析法	研究发现"放权让利"的激励政策提高了国营企业的生产率
胡永泰等（1994）	300 家国营企业和 200 家乡镇企业	1984～1988 年	计量回归分析法、超越对数生产函数	国营企业的全要素生产率增长率几乎为零，而乡镇企业的全要素生产率年均增长率大约为 8%
Gordon 和 Li（1995）	403 家国营工业企业	1983～1987 年	有限差分模型	样本企业的全要素生产率年均增长率为 4.6%。全要素生产率的增长主要源于劳动力受教育水平的提高
Jefferson 等（1996）	国营企业和集体工业企业	1980～1992 年	计量回归分析法	国营企业的全要素生产率年均增长率为 2.5%，集体工业企业的全要素生产率年均增长率为 3.43%。全要素生产率增长率在 1988 年以后显著下降，其对国营企业产出增长的贡献度由 1980～1984 年的 43%下降到 1984～1988 年的 31%
Li（1997）	769 家国营工业企业	1980～1989 年	有限差分模型	样本企业的全要素生产率年均增长率为 4.68%。要素投入对产出增长的贡献度为 27%，全要素生产率增长率的贡献度达到 73%；激励机制的改革、市场竞争和资源再配置的增长效应能够解释全要素生产率增长的 87%
张荣刚（1997）	681 家国有工业企业	1991～1994 年	计量回归分析法	1991～1994 年国有工业企业的全要素生产率平均增长率为 3.84%。对九个工业部门的分析表明，部门生产率均有显著增长，且已经成为部门产出增长的主要因素
王晓鲁（1997）	乡镇企业	1981～1992 年	计量回归分析法	乡镇企业的全要素生产率在 1981～1992 年的平均增长率为 4.7%，其中，1981～1985 年的平均增长率为 8.6%，1986～1992 年的平均增长率为 4.0%
Lo（1999）	国有工业企业与集体工业企业	1980～1996 年	收入份额法	集体工业企业的全要素生产率增长率高于国有工业企业。在 1980～1992 年，全部大中型工业企业的全要素生产率增长率高于国有工业企业和集体工业企业，而在 1992～1996 年，集体工业企业的全要素生产率增长率高于大中型工业企业，后者的增长率又高于国有工业企业的增长率
Jefferson 等（2000）	全部工业	1980～1996 年	计量回归分析法	工业的全要素生产率年均增长率为 2.83%。以 1988 年为分界点，全要素生产率增长率从 1984～1988 年的最高值 4.7%回落到 1992～1996 年的 1.5%
大琢启二郎等（2002）	国有企业	1978～1995 年	计量回归分析法	国有企业的全要素生产率年均增长率为 2.5%，但在 20 世纪 80 年代末期以后却处于停滞状态

续表

作者	样本范围	时间范围	研究方法	基本结论
Szirmai 等（2002）	制造业	1980～1999 年	时间序列模型分析	制造业劳动生产率在 20 世纪 90 年代有了明显加速，在劳动生产率方面中国和美国之间的差距逐渐缩小
张军等（2003）	全国乡镇企业	1979～2000 年	计量回归分析法	全国乡镇企业的全要素生产率年均增长率为9.9%，对产出增长的贡献度达到 45.21%，对资本和劳动的贡献度为 54.79%
Young（2003）	非农产业部门	1978～1998 年	收入份额法	非农产业部门全要素生产率年均增长率为 1.4%。产出增长的剩余部分可由劳动参与率、人均受教育水平的提高及劳动力资源由农业部门向工业部门的再配置来解释
Wu 和 Xu（2007）	全部工业	1952～2000 年	计量回归分析法	在 1952～1965 年、1966～1979 年、1980～1991年及 1992～2000 年，全要素生产率增长率分别为−4.7%、0.2%、−0.3%和 2.7%，其对产出增长的贡献度分别为−23%、2%、−3%、29%
谢千里等（2008）	国有企业及规模以上企业	1998 年与2005 年	计量回归分析法	国有企业、集体企业、私营企业、外资企业与其他类企业的全要素生产率年均增长率为 15.63%、7.44%、6.14%、4.89%和 8.16%；沿海地区、中部地区、西部地区规模以上企业的全要素生产率增长率分别为 8.21%、12.3%和 14.69%
Bosworth 和Collins（2008）	全部工业	1978～2004 年	收入份额法	在 1978～2004 年，中国工业全要素生产率年均增长率为 1.8%，其中，1978～1993 年的全要素生产率年均增长率为 2.5%，1993～2004 年的全要素生产率年均增长率为 0.9%

资料来源：作者自己整理

注：计量回归分析法也称参数法，指通过设定特定的生产函数，运用经济计量方法估计出要素产出弹性，然后利用 Solow 增长因素分解模型核算全要素生产率增长率及增长因素。收入份额法不是指利用计量回归分析法估计要素产出弹性，而是研究人员对要素产出弹性设定特定的值，根据设定值利用 Solow 增长因素分解模型核算全要素生产率增长率

对表 2-1 所列的文献进行仔细分析不难发现，利用总量数据与总量生产函数研究工业生产率与增长因素的重点有两点。一是分析拥有不同产权关系的企业的生产率表现。所得到的基本结论是，私有产权下的企业的生产率增长较快，集体企业次之，而产权关系不明晰的国有工业企业表现最差（Lo，1999）。但也有少数学者得到了不同的结论，如谢千里等（2008）对规模以上企业的研究结论表明，1998～2005 年国有企业生产率增长率要高于私营等其他类型企业的生产率增长率。

二是研究国有（国营）企业的制度变迁对生产率的影响。对国有（国营）企业生产率的研究充满了争议，比较乐观的观点认为，改革使国有（国营）企业迸发出了一定的生机与活力，其生产率出现较快增长，代表性人物有 Jefferson 等（2000）、Groves 等（1994）、Li（1997）等。而与之相反的观点则认为，改革并没有改善国有（国营）企业的生产率表现，相反其生产率甚至面临着不断恶化的

局面，代表性人物有胡永泰等（1994）、Wu 和 Xu（2007）。另外，还有一组折中的结论，即国有（国营）企业的生产率表现波动较大，在一段时间内可能表现较好，增长较快，而在另外的时间却增长缓慢，代表性人物有陈勇和唐朱昌（2006）、李小平和朱钟棣（2005）等。

　　另外，还有一部分针对全部工业或者非农产业部门的研究，其中具有代表性的是 Young（2003）对非农产业部门全要素生产率增长率的研究，他在对投入产出数据进行大量细致估算的基础上，核算了中国非农产业部门的增长因素。他的研究结果表明，在 1978～1998 年，非农产业部门的全要素生产率年均增长率为 1.4%。Jefferson 等（2000）利用 Solow 增长因素分解模型和计量回归分析法研究了 1980～1996 年全部工业的全要素生产率增长率。研究结论显示，工业的全要素生产率年均增长率为 2.83%，以 1988 年为分界点，全要素生产率增长率从 1984～1988 年的最高值 4.7% 回落到 1992～1996 年的 1.5%。Wu 和 Xu（2007）将研究拓展到 1952～2000 年，同样利用 Solow 增长因素分解模型和计量回归分析法，他们对中国全部工业研究的结论表明，在 1952～1965 年、1966～1979 年、1980～1991 年及 1992～2000 年这四个阶段中，全要素生产率增长率分别为-4.7%、0.2%、-0.3% 和 2.7%，其对产出增长的贡献度分别为-23%、2%、-3%、29%。

　　上述研究的结论相差较大，例如，对国营工业企业进行研究，最乐观的是 Li（1997），他的研究结论是国营工业企业在 1980～1989 年的全要素生产率年均增长率为 4.68%，要素投入对产出增长的贡献度为 27%，全要素生产率增长率的贡献度达到 73%。较悲观的是胡永泰等（1994）的研究，他们的研究表明，国营企业的全要素生产率增长率几乎为零。胡永泰等（1994）研究发现，乡镇企业在 1984～1988 年的全要素生产率年均增长率为 8%，张军等（2003）对 1979～2000 年乡镇企业全要素生产率年均增长率的研究结论是 9.9%。同样是针对乡镇企业，王晓鲁（1997）对 1981～1992 年的研究结论则是全要素生产率平均增长率为 4.7%。

　　产生上述差异的主要原因有二，一是数据方面的原因；二是核算全要素生产率增长率的方法不同。数据方面的原因除学者们研究的样本不同外，最主要的差异源于对数据处理上的不同，这些差异主要体现在以下四个方面。

　　（1）产出缩减指数。在我国官方统计资料中没有公布不变价的工业增加值，因此需要将工业产出的名义值平减到不变价中。大多数学者直接使用隐含工业总产值价格指数缩减名义工业增加值（张荣刚，1997；Lo，1999）。而 Holz（2002）、孟连和王小鲁（2000）、许宪春（2001）等学者则认为，隐含价格指数对名义工业增加值往往缩减不够，从而会高估实际的工业产出。基于此，Young（2003）、Szirmai 和 Ruoen（1995）、Bosworth 和 Collins（2008）等学者使用独立的工业品出厂价格指数对名义增加值进行缩减。Wu（2002）及 Maddison（2007）使用 L 氏指数法重新估计了中国工业增加值增长率。

（2）资本投入。学者们对资本投入数据的核算差异最大。中国的统计资料中没有公布与国际上通用的国民核算账户相一致的资本存量数据，因此，大部分学者采用自己估计的资本投入数据。目前，核算资本存量的主流方法是永续盘存法（perpetual inventory approach，PIA）。但该方法对投资平减指数、折旧率、净投资数据等指标非常敏感。因此，当使用不同的核算指标时会对资本投入数据的核算结果造成较大的差异。例如，对于净投资数据，大部分学者使用连续两年的固定资产原值之差来表示净投资（Chen et al.，1988b；Jefferson et al.，2000；张荣刚，1997），有的学者使用官方公布的固定资产投资来表示净投资（黄勇峰和任若恩，2002）[73]，有的学者使用资本形成总额（积累额）来表示净投资（何枫等，2003；Liang and Yi，2005），还有的学者使用新增固定资产来表示净投资（Holz，2006）。

对于折旧率，Chen 等（1988b）、Chow（1993）、Hu 和 Khan（1997）等学者使用官方公布的折旧率，其数值在 3.7%～5%。而 Wu（2004）、Young（2003）、Bosworth 和 Collins（2008）等学者则是基于事先假定的折旧模式或相对效率模式重新估计折旧率。例如，黄勇峰和任若恩（2002）估计的折旧率为 17%。

假定有了净投资数据，那么还需要将名义净投资数据转换到不变价之中，也就是要对净投资数据进行平减。统计资料上公布的固定资产投资价格指数始于1991 年，对于 1991 年以前的平减指数，学者们或者采用其他指数代替，或者采用自己的方法估计。如王小鲁和樊纲（2000）、薛俊波等（2004）、Jefferson 等（2000）等学者直接采用工业品出厂价格指数或者国内生产总值隐含价格指数来代替，贺菊煌（1992）则使用积累指数来代替。而 Young（2003）、Bosworth 和 Collins（2008）则是采用自己的方法估计出固定资产价格平减指数。

除永续盘存法外，还有很多学者对资本存量采取了简单化的处理。例如，胡永泰等（1994）利用期末资本存量来代替资本投入，而涂正革和肖耿（2005）直接使用固定资产净值年均余额来表示资本投入。

（3）劳动投入。在劳动投入统计上，中国官方统计资料主要有三种指标：职工、就业人员与从业人员。自 2000 年以后又增加了一个新的概念——在岗职工。这四个统计指标的统计口径各不相同。使问题变得复杂的是，即便是同一个统计指标，其数值也随着不同统计出版物、不同表和不同年份的变化而变化（Szirmai et al.，2002）。大多数学者在劳动投入核算上使用了职工的概念，但 Young（2003）使用了自己重新估计的从业人员的概念。

（4）是否剔除非生产性投入。Chen 等（1988a）是 20 世纪 80 年代西方研究中国工业生产效率方面的代表性团体之一。他们认为，中国工业的资本和劳动投入中有大量的非生产性成分，因此，在核算全要素生产率增长率时需要将这些水分剔除，否则将低估全要素生产率增长率。大琢启二郎等（2002）在估计国有企业的资本和劳动投入时，也完全剔除了固定资产投资中的住宅投资。相反，胡永泰等（1994）则认为 Chen 等学者在剔除中国工业资本和劳动投入的水分时有"矫枉过正"之嫌，因为对于劳动者的生产效率而言，这些非生产性投入可能是必须的。在后来的研究中，或者是由于非生产性投入成分的数据不可得，又或者是隐含地接受了胡永泰等的观点，总之，大部分学者在核算全要素生产率增长率时均没有剔除非生产性投入。

对于核算全要素生产率增长率的方法，表 2-1 显示，目前使用最多的方法仍然是计量回归分析法。这种方法首先是根据设定的生产函数，用计量回归分析法估计要素产出弹性，然后根据 Solow 增长因素分解模型核算全要素生产率增长率和增长因素。生产函数大多设定为传统的科布-道格拉斯（Cobb-Douglas，C-D）生产函数。不同的是，少数文献在生产函数中增加了人力资本要素（Young，2003）。还有的文献使用了超越对数生产函数。这两种生产函数各有优缺点，超越对数生产函数待估计的参数较多，相应的自由度则较少，当样本数据较少时就会影响到模型估计的准确性。因此，大多数学者只是在样本数据较多的情况下才使用该生产函数。相反，C-D 生产函数需要估计的参数少，当样本点较少时该生产函数使用得较多。

另外，由于使用计量回归分析法估计的要素产出弹性对模型设定和计量方法非常敏感，许多学者绕过计量回归步骤，直接将要素产出弹性设定为特定值，然后利用 Solow 增长要素分解模型核算全要素生产率增长率。该方法也被称为收入份额法，其缺陷在于设定的要素产出弹性带有随意性，缺乏根据。

在增长因素的分析中，除 Young 外，上述研究均没有考虑人力资本因素。在知识、经济蓬勃发展的今天，人力资本的重要作用已经被越来越多的人所重视，仅考虑资本和劳动投入的传统两要素新古典增长理论已经难以解释中国经济的长期高增长现象。这也是现有的对中国工业增长因素研究的一个重要缺陷。

2.2　生产要素流动、资源再配置与中国工业增长相关研究回顾

国际理论界对资源再配置增长效应的研究已经经历了三个发展阶段（曾先峰和李国平，2009），但国内的相关研究却很不充分，已有的研究也基本局限在农业和非农产业结构变化或三次产业结构变化对生产率的增长效应上（郭克莎，1993；胡永泰，1998；蔡昉和王德文，1999；刘伟和张辉，2008；干春晖和郑若谷，2009）。少数学者研究了制造业内部结构调整的增长效应，如吕铁（2002）、

李小平和卢现祥（2007）等。Li（1997）及张军等（2009）的著作是仅有的两篇评估中国工业整体资源再配置效应的文献。

2.2.1　劳动力流动与工业劳动生产率增长

马骏和王霄鹏（1991）对 1978～1987 年中国工业结构变化对生产率变化的影响进行了估算。他们的研究将生产率的变化率分解为由行业投入结构变化带来的生产率变化和由行业生产率变化带来的全行业生产率变化两部分。研究结果表明，在 1978～1987 年中国工业劳动生产率的增长中，有 4.3%～11.0%的贡献来自劳动力结构变化，92.9%～86.2%来自行业自身劳动生产率变化。同期，固定资产产值率由 190.1%下降到 162.4%，在中国工业结构变化的构成中，固定资产结构的变化使资金产值率提高了 10.5%～45.75%，而行业资金产值率的变化则使全行业资金产值率下降了 36.37%～71.62%。

吕铁（2002）采用偏离-份额法分析了 1980～1997 年中国各地区制造业结构变动对劳动生产率增长的影响。他们的实证分析结果表明，从全国的情况来看，对制造业劳动生产率增长具有压倒性贡献的因素是各行业内部劳动生产率的增长，其贡献率达到 89.13%。劳动投入从低劳动生产率行业向高劳动生产率行业转移的影响，也即静态的再配置效应，其贡献率仅为 3.27%，动态再配置效应的贡献度稍高，为 7.6%。总的再配置效应对我国制造业劳动生产率增长的贡献度为 10.87%。他们的实证结论支持了马骏和王霄鹏（1991）的发现。

王德文等（2004）利用 1999～2001 年辽宁省 560 家样本工业企业的调查数据，分析了中国工业结构调整对生产率和就业吸纳能力的影响。他们的研究结果表明，轻工业部门的经济增长速度远快于重工业部门的增长速度。重工业部门和资本密集型产业的产出增长主要源于资本和中间投入，而轻工业部门和劳动密集型产业的增长主要源于中间投入。在全要素生产率增长率方面，轻工业部门和劳动密集型产业要高于重工业部门和资本密集型产业。因此，轻工业部门和劳动密集型产业的快速增长通过结构调整提高了工业的总体效率。

上述对于劳动力再配置对劳动生产率增长的效应的研究其优点在于明确地分离出了劳动力再配置的影响。其缺陷在于，首先，这种方法忽视了除劳动以外的其他要素，特别是资本在产业之间的再配置对生产率变化的影响，由此就会低估资本密集型产业的结构调整对总生产率变化的影响；其次，这种方法只是根据平均数而不是根据边际产品来计算就业变化，因而，这种测量不能准确地计量资源再配置的增长效应（Chenery et al.，1986）。最后，这种分解方法的隐含假设是部门间劳动力分布与生产率的增长是分离的，两者之间的变化是分别进行的，而现实中的劳动力在不同部门之间的分布与生产率的增长一般是同时变化的，所以这种分解方法得到的结论存在偏误（曾先峰和李国平，2009）。全面的资源再配置效应的分析应该包括所有投入要素的再配置对全要素生产率的影响。

2.2.2　资源再配置与工业全要素生产率增长

Li（1997）使用了 1980～1990 年 769 家国营工业企业的样本面板数据，分析了改革带来的制度变迁对国营工业企业生产率的影响，他的研究发现，样本企业的全要素生产率年均增长率为 4.68%，其中，资源由低效率企业向高效率企业的再配置平均每年能提高样本企业的产出 1.79 个百分点，资源再配置效应对产出增长的贡献度为 28%，对全要素生产率增长的贡献度为 38%。激励机制的变化及市场竞争的加剧对产出增长的贡献度为 36%，全要素生产率的贡献度为 49%。

涂正革和肖耿（2005）使用随机前沿生产函数对 1996～2002 年大中型工业企业的研究表明，从总体上看，大中型工业企业的要素配置效率对生产率增长的平均贡献几乎为零；从行业角度来看，资源配置增长效应贡献度较大的行业分别是石油和天然气开采业，印刷业、记录媒介的复制，黑色金属矿采选业，燃气生产和供应业，以及电器机械及器材制造业等。而造纸及纸制品业，黑色金属冶炼及压延加工业，饮料制造业，石油加工、炼焦及核燃料加工业，以及电力、热力的生产和供应业等行业对资源再配置增长效应有负影响。其他行业资源再配置增长效应的贡献度较低。

李小平和卢现祥（2007）采用扩展的偏离-份额法检验了 1985～2003 年中国制造业的结构红利假说，他们的研究结论显示，制造业中的劳动或资本并没有从低生产率增长行业向高生产率增长行业转移，也即制造业的结构变动没有导致显著的结构红利假说现象。

张军等（2009）采用 1980～2006 年 38 个两位数工业行业的面板数据检验了结构改革对增长的影响，并运用随机前沿生产函数模型及其分解方法度量了中国工业分行业的全要素生产率增长和要素配置效率（即结构红利）的变化。研究结果发现，自 1992 年以后工业行业的全要素生产率增长超过了要素投入增长，但全要素生产率对工业增长的贡献在 2001 年以后下降。对全要素生产率增长进行分解，分解后发现，由工业结构改革引致的行业间资源再配置对 1980～2000 年中国工业生产率的提高乃至工业增长起到了实际推动作用，结构红利效应显著存在，但这种结构调整效应随时间的推移而减弱，2001 年以后甚至变为负效应。技术进步和资本积累对工业增长的贡献度比要素配置效率要大，而劳动投入、技术效率和规模效应的增长贡献度则小于要素配置效率。

姚战琪（2009）使用跨产业面板数据对 1985～2007 年中国经济总体和工业的生产率增长及要素再配置效应进行了比较。他的研究结论表明，要素再配置效应作为生产率增长的一个来源，在改革后的表现差强人意，在经济总体 6 部门和单独的工业中，要素再配置的贡献效应较低。劳动要素的结构变化伴随着经济 6 部门的劳动生产率增长，但工业的劳动生产率的总配置效应为负值。工业和经济总体的资本生产率的再配置效应均为负值。

上述研究，特别是张军等（2009）的开拓性工作对于人们全面认识资源再配置效应对中国工业增长的作用具有非常重要的理论意义及现实意义。但现有的研究还存在某些不足。Li（1997）的研究是最早的对工业资源再配置效应进行的全面研究，但其只是针对少数样本企业。张军等（2009）对工业资源再配置的研究考虑了劳动和资本等投入要素，这是对单纯考虑劳动力再配置研究的一大改进。但他们的研究方法却无法分离出各类投入要素（如资本、劳动力）的再配置效应对全要素生产率的贡献度，而分别研究各要素的资源再配置效应对有针对性的引导要素流动至关重要。另外，在他们的文献中同样忽视了人力资本再配置的增长效应。姚战琪（2009）的研究的主要缺陷是对工业的研究采用分阶段（1985～1997年和 1998～2007 年）统一数据口径，因此，两个阶段之间的研究结论缺乏连续性和可比性。总之，目前对中国工业资源再配置效应的定量研究还不充分。

2.3　工业行业增长因素相关研究回顾

已有的对中国工业增长因素的研究主要集中在总量层次，而研究工业行业的生产率及增长因素的文献只是从 20 世纪 90 年代以来才开始陆续出现。郑玉歆（1992）对 1980～1990 年中国制造业两位数工业行业进行了分析。他采用收入份额法估算了每个行业资本、中间投入及劳动投入的产出弹性，他的研究结论显示，对 20 世纪 80 年代中国制造业增长贡献最大的是中间投入的增加，其次是生产率的提高、资本投入的增长和劳动投入的增长。

Szirmai 等（2002）在对制造业的就业人数、产出构成时间序列的概念、覆盖范围和一致性进行深入分析的基础上，构建了制造业 15 个细分行业的劳动生产率时间序列。他们的研究表明，中国制造业的劳动生产率在 1980～1999 年呈加速增长趋势。

李小平和朱钟棣（2005）是较早从行业角度分析工业增长因素的学者。他们使用 Solow 增长因素分解模型和计量回归分析法，研究了 1986～2002 年制造业34 个细分行业的增长因素。他们的研究结果表明，在 1987～1997 年，工业行业的全要素生产率对工业增长的贡献度较小，工业行业主要依靠资本等投入要素维持增长。其中，1986～1993 年全要素生产率有微弱的增长，其对工业增长的贡献度不到 1%，要素投入的贡献度超过 99%，在 1994～1997 年，全要素生产率经历了负增长。在 1998 年以后，工业企业的全要素生产率经历了一个快速增长时期，平均增长率达到 2.51%，其对工业增长的贡献度也超过了 23%，要素投入的贡献度相应地下降到了 77% 以下。李小平等（2008）又利用数据包络分析（data envelopment analysis，DEA）法研究了 1998~2003 年 32 个工业行业的全要素生产率状况。研究结果表明，32 个工业行业全要素生产率年均增长率达到 9.7%。他们的这个研究结果远远超过早期得到的 1998 年以后全要素生产率年均增长率为 2.51% 的结论。

涂正革和肖耿（2005）使用随机前沿生产函数研究了 1995~2002 年 38 个工业行业大中型企业的全要素生产率增长率状况。他们的研究表明，大中型工业企业总体全要素生产率的平均增长速度为 6.8%，其中，1996 年、1997 年两年的全要素生产率增长率分别下降 4.3% 和 0.7%，1998 年以后总体全要素生产率加速增长。从行业角度来看，全要素生产率增长较快的行业是开放程度高、竞争性强的行业，而全要素生产率增长较慢的行业为高度垄断、开放程度低的行业。

陈勇和唐朱昌（2006）利用 DEA 法分析了 39 个两位数工业行业的全要素生产率状况。他们的研究结论显示，总体上中国工业在 1985~2003 年全要素生产率平均增长率为 2.3%。全要素生产率增长又主要集中在两个时期：1990~1993 年的 9.7% 和 1999~2003 年的 13.7%。

李胜文和李大胜（2008）使用随机前沿生产函数研究了 1986~2005 年中国 34 个两位数工业行业的全要素生产率增长率。他们的研究发现，中国工业全要素生产率增长率呈现出由慢到快、进而停滞、后又缓慢回升的周期性特征。其中，在 1986~1987 年、1988~1995 年、1996~2002 年及 2003~2005 年四个阶段的全要素生产率增长率分别为 1.45%、3.54%、0.06% 和 0.27%。

陈诗一（2009）构造了中国工业 1980~2006 年 38 个两位数工业行业的投入产出面板数据库，利用超越对数生产函数估算了中国工业行业全要素生产率变化。他的研究结论表明，在其研究期间，中国工业行业的全要素生产率平均增长率为 6.36%，较快的全要素生产率增长率是驱动中国工业增长方式转变及可持续发展的重要源泉，而对中国工业的全要素生产率增长率做出最大贡献的是通信设备、计算机及其他电子设备制造业，以及交通运输设备制造业等高新技术行业。

任若恩和孙琳琳（2009）研究了 1981~2000 年 33 个行业的增长因素。他们的研究结论表明，除在 1981~1984 年全要素生产率增长率是大多数行业产出增长的首要推动力外，在其余时间段大多数行业的中间投入增长是产出增长的首要来源；资本投入增长对产出的贡献度逐年增长，而劳动投入对经济增长发挥的作用非常小。

上述对工业行业全要素生产率增长率和要素贡献度的研究充分地反映了工业行业之间的增长异质性，较之于使用总量数据和总量生产函数，该研究是一个进步。但同样的问题是，这些研究结论的差异性较大，例如，陈诗一（2009）、涂正革和肖耿（2005）等学者的研究得到了比较乐观的结论，全要素生产率增长率都超过了 6%。而李胜文、任若恩等学者的研究结论却认为，中国工业全要素生产率增长率并不显著。

另外，除陈诗一（2009）所著的文献外，已有的为数不多的研究均缺乏对长时间序列数据的分析，而且研究的样本多局限于某个或某几个行业。Szirmai 等（2002）学者的研究对数据的处理最为详尽，但他们的研究没有对增长源泉进行深入分析。王德文等（2004）使用的是企业调研数据，但他们以企业固定资产净值来代替固定资本存量则有点粗糙。与以前的研究相比，李小平和朱钟棣（2005）的研究不仅涉及了较长时间内的时间序列数据，而且涉及了全部的两位数工业行业，较以往的研究这是一个改进。但他们的研究在数据处理上存在问题，例如，他们直接以所研究时期的初始年份期末的固定资产净值作为基期资本存量，这样处理会高估基期的资本存量。另外，他们研究的时间跨度为 1987～2002 年，但在 1994 年我国对 1984 年版的工业行业分类标准做了修订，修订后的工业行业虽然仍为 40 大类，但部分行业的大、中、小类发生了变化。该文献没有对修订前后工业行业的数据进行调整，导致 1994 年前后工业行业数据的统计口径不一致。最后，他们在估算各要素产出弹性时，将 34 个分行业汇总成 9 大类，对每个大类分别计量要素产出弹性，而对同一大类内部的不同行业则不作区分。这样的处理方法虽然比较简洁，但忽略了同一类型内部的行业之间的异质性问题。

王德文等（2004）与李小平等（2005）均以工业总产值表示产出，在资本和劳动投入之外还考虑了中间投入要素。但问题是，考虑了中间投入后，资本和劳动对产出的贡献度出现了负值。例如，在王德文的研究中有效劳动对产出的贡献度均为负值，资本投入对劳动密集型产业的贡献度为负值；在李小平和朱钟棣（2005）的研究中，劳动投入的贡献度在 19 个工业行业中出现负值，资本投入的贡献度在 8 个行业中出现负值。如果说对劳动投入的贡献度为负值还可以用国有企业员工的下岗和分流来解释，那么资本贡献度为负值似乎无从解释。

涂正革和肖耿（2005）使用了大中型企业数据测算了工业行业的全要素生产率变动情况，其选择的样本较有代表性，但他们的研究没有涵盖自改革开放以来出现的数量较多、活力较强的小型企业，因此难以从整体上把握工业全要素生产率变动情况。李胜文和李大胜（2008）虽然研究了 1986～2005 年的行业全要素生产率变动，但其对数据的处理有待商榷。例如，对 1991 年以前的工业增加值使用工业净产值与折旧的和来代替，而没有考虑非物质服务投入项，资本投入简单地使用年均固定资产净值来代替。数据处理得不够精确影响其研究结论的可靠性。

陈诗一（2009）将研究的样本区间扩展到 1980～2006 年，并且其在投入产出数据统计口径的调整方面做了大量细致的工作，他的研究是对以前研究的一个突破。但虽然作者声称将相关数据分别统一调整为全部工业口径下的数据，但实际上工业分行业产出数据的统计口径为村及村以上工业，在投入数据上，劳动投入的实际统计口径为职工人数，村一级的工业从业人员则没有被包括在内，造成劳动投入数据的统计口径过小，从而有可能造成低估劳动力并高估技术进步对工业产出的贡献度。对于资本存量的估计，陈诗一并没有给出更进一步说明，无法判断其统计口径与产出口径是否匹配。

上述对文献的梳理和分析表明，对中国工业增长因素的研究无论是在理论分析还是在实证检验方面都取得了很大的进展。但现有的研究结论还存在很大分歧，很难依靠它们对中国工业增长因素与增长方式形成一个一致的判断。另外，已有的研究大多将生产要素投入与生产要素在行业间的再配置对工业增长的贡献割裂开来并分别进行研究，缺少对中国工业增长因素进行多维度、系统和全面的考察。在现有研究成果的基础上，本书从工业总量增长因素、行业增长因素和结构转变即资源再配置因素这三个维度对中国工业增长因素进行理论分析和实证检验，以期能够科学准确地把握中国工业增长方式的特征及动态演变轨迹，揭示中国工业经济增长方式转变的路径。

2.4　小　　结

工业是中国经济创造"奇迹"的主导性力量，对中国工业增长因素的研究一直以来就受到中外学者们的高度关注。现有的研究大致上可以分为三类，第一类是利用总量数据研究中国工业生产率与增长因素，此类研究特别关注了自改革开放以来所有制结构变化对工业增长因素的影响。由于学者们在数据处理上的差异较大，以及由于实证方法的不同，现有研究结论的差异也较大，研究结论的可比性不强。另外，除少数文献外，大部分研究均没有考虑人力资本因素，这有可能导致因遗漏重要解释变量而对技术进步率的高估。

第二类研究着重分析产业结构变化和要素再配置对工业生产率的影响。虽然学者们均承认产业结构改革和生产要素的再配置对工业技术变化与产出增长具有影响效应，但很少有学者进行定量研究。现有的几篇文献也着重分析工业行业之间的劳动力流动对劳动生产率增长的影响效应。仅有张军等（2009）研究了资本和劳动力的再配置对工业生产率和产出增长的影响效应。总之，现有的对工业行业之间的要素流动和资源再配置的研究还不充分。

第三类是研究工业行业的增长因素。对工业行业产出增长源泉和要素贡献度研究的假设前提是行业之间的增长异质性，其放松了对总量数据和总量生产函数行业同质性的假定，这是工业增长因素研究的一大进步。但已有的文献仍然存在研究的期限较短，投入产出数据口径不统一，研究结论之间可比性较差等问题。

　　本书在以上研究成果的基础上，从三个层次对中国工业增长因素进行了更为系统和深入的研究。

第3章 中国工业增长因素测度框架

3.1 理 论 基 础

自18世纪末期英国工业革命以来,世界经济进入了一个加速增长的时期,在人类历史上第一次出现了现代意义的经济增长。[①]Maddison(1982,2001,2003)估计,从500年到1500年的这1000年间,欧洲大陆的经济增长率几近于0,1700~1820年的经济增长率约为0.06%,而在1870~1913年的经济增长率则达到1.31%。美国和英国在1700~1820年的经济增长率分别为0.73%和0.34%,处于工业革命后的1870~1913年,经济增长率分别提高到1.8%和1.01%。Mokyr(1990)、Pritchet(1997)的研究同样表明,发达国家经济的稳定增长也只是近几个世纪的事情。那么,到底是什么力量推动着世界经济的车轮从停滞不前走向长期稳定增长的快车道?过去经济的快速增长是否具有可持续性?与此相关的问题是,为什么一些国家在经济发展的一定阶段能够出现类似于英国工业革命的经济高速增长期,而有些国家却长期陷入低水平发展的陷阱?"一个人一旦开始思考这些问题,他就很难再去思考其他问题"(卢卡斯,2003)。探索和理解现代经济增长的过程及解读不同经济体经济增长巨大差异背后的原因与动力机制已经成为人们面临的最重要、最紧迫也是最具挑战性的课题。一个多世纪以来,一代又一代的发展经济学家及研究经济增长的学者们对这些谜题进行了不懈探索,已经形成了较系统的经济增长理论和分析框架。

3.1.1 古典增长理论与经济增长因素

增长与发展是吸引经济学家们关注长达数个世纪的古老问题。较早对此进行理论上阐述的是古典经济学家,包括Smith(1776)、Malthus(1798)、Ricardo(1817),以及较晚一些的Ramsey(1928)、Young(1928)、Knight(1944)和Schumpeter(1934)等。Smith的巨著《国民财富的性质和原因的研究》就是以经济增长为研究主题的。在Smith看来,"劳动生产力的最大改进,以及劳动在任

---

① Kuznets(1973)总结了"现代意义的经济增长"的六个特征,其中第一个也是最重要的一个特征就是人均实物产出水平和人口数量的增长远远超出历史水平;卢卡斯(2003)同样将"现代意义的经济增长"定义为人均收入的持续增长。

何地方运作或应用中所体现的技能、熟练和判断的大部分，似乎都是劳动分工的结果"。分工是导致经济增长的唯一要素和源动力，而分工的发展则归因于市场的不断扩大，市场规模决定着分工所能达到的程度。"水运开辟了更广大的市场"，因此，工业和产业的最初改进发生在"海岸或通航河流的两岸"国家，如古代地中海沿岸的埃及、恒河流域的孟加拉国及紧靠几条大河的中国东部各省，其似乎都从内陆航运中获得了财富。而在"所有非洲内陆，在黑海和里海北面所有遥远的亚洲地区，古塞西亚，即现代的鞑靼和西伯利亚，还有巴伐利亚、奥地利和匈牙利，在世界上所有的年代中似乎都处于某种野蛮的、不开化的状况……"。显而易见，天然的地理位置（运输条件）决定了市场的规模和分工的发展，从而进一步决定了各经济体的劳动生产率和贫富差距。Smith 关于劳动分工是经济增长的唯一动力及市场规模影响经济增长的朴素观点为今天的人们提供了打开分析经济增长因素谜团和解读经济增长进程的钥匙。

基于农业的收益递减理论，并从人口增长快于产出增长的假定出发，Malthus 认为，一个社会的总产出取决于土地、资本和劳动投入。而在现实中，随着耕地面积的不断增加直到所有肥沃的土地都被耕种了，年粮食产量的增加就必须依赖于对已有的这块土地进行改良，对所有土壤的状况而言，这一改良结果不但不会增加反而会逐渐减少粮食产量。更进一步，农业收益递减效应使得劳动生产率下降，并提高了地租、农产品价格和推动了工人工资的上涨，使得企业的利润下降，资本积累减少。另外，资本家获取的利润并不会被全部消费掉，而从事生产性劳动的工人的消费又不能单独为资本的持续积累与就业提供一个充足的激励，因此，整个社会存在的有效需求不足，并导致资本积累进一步减少。即使该经济有一定的技术革新导致的产出增长，在上述机制下，人口的增长将会吸收创新的成果，使得经济不会因发展而陷入 Malthus 状态。如果抛开 Malthus 关于人口增长的观点，那么他对经济增长因素的论述已经与今天人们的认识非常接近：要素投入（土地、劳动和资本）及对土地的改良（技术进步）共同决定了产出的增长，成为经济增长的源泉。

Ricardo 是在 Smith 以后对古典政治经济学做出重要贡献的经济学家。他继承了 Smith 的利润率会由于企业家之间的竞争而不断下降的观点，并进一步认为，利润率还会因人口的增长而下降。而不断下降的利润率会减少资本积累和投资，并最终达到一个稳定水平：当不再有新增加的投资，人口由于食物的限制而不再扩张，以及任何可获得的剩余都被当作地租被分配时，就达到了这一稳定状态。根据 Ricardo 的分析，经济增长的一般模式为：利润率决定了资本积累，而资本积累又决定了生产力的发展，利润是资本积累的真正源泉和目的。同时，Ricardo 还明确地指出，提高利润率主要有两种途径：提高劳动生产率和限制非生产性消费。

实际上，Malthus 和 Ricardo 都认为，在任何一个社会里，人均收入水平趋向于一个大致平稳的常数（陈昆亭和龚六堂，2006）。这应该是经济学中最早提出经济趋同思想的文献。但他们也不否认经济差异的存在，这种区域经济差异可能源于不同的偏好习惯、不同的技术或资源禀赋。

在 Smith 和 Ricardo 之后，另一位古典经济学的集大成者穆勒（2009）在其《政治经济学原理》中详细讨论了经济增长过程中人口增长、资本积累、技术进步、劳动分工与合作等问题，特别是他注意到了大规模生产对于促进经济增长的意义。马歇尔（2006）在其经典的经济学教科书《经济学原理》中，在资本、劳动、技术进步之外，又将"组织"作为促进生产力发展的独立要素，在此基础上，他把企业家的组织管理活动看成是经济增长的源泉。他还认识到了知识对生产力发展的重要意义，他提出知识就是生产力。可见，穆勒和马歇尔在研究经济增长的动力和源泉时，并不仅仅把经济增长看作是生产要素的投入过程，而且充分注意到了技术进步、规模经济、组织管理和知识等智力要素的重要作用。

Schumpeter（1934）继承了马克思开创的关于技术进步在制度变化和经济发展中的革命性作用的理论分析，提出了用创新理论（innovation theory）来解释资本主义的经济发展和周期波动。按照 Schumpeter 的观点，所谓创新，就是建立一种新的生产函数，也就是说，把一种从来没有过的关于生产要素和生产条件的新组合引入生产体系。在 Schumpeter 看来，作为资本主义灵魂的企业家的职能就是实现创新，引进新组合。而经济发展就是对整个资本主义社会不断实现这种新组合而言的。同时，创新活动本身就是一种创造性的毁灭（creative destruction）过程——创新是建立在对原有产品、技术和市场的毁灭之上的。创造性毁灭效应对不同主体会产生不同的影响，而一旦某一个地区永久性地无法进行研发和创新活动，就可能永久性地处于劣势和落后之中。强者更强使得劣势群体和优势群体之间的差别会进一步扩大（钟春平和徐长生，2006）。显然，Schumpeter 将创新看作是经济发展的唯一动力，而创新能力的不同也是导致不同经济体具有不同经济增长表现的主要原因。需要指出的是，Schumpeter 所提出的创新包括技术创新，但又不局限于技术创新，其概念比技术创新或技术进步的概念要更宽泛。

早期的大部分经济增长思想对于未来世界经济的前景持悲观态度：在 Smith 看来，世界上不存在永无休止的增长，《国民财富的性质和原因的研究》中到处都流露着利润率将长期下降的思想，并认为当资本主义制度最终积累了充分的财富时，经济就会开始下降，并最终形成经济增长停滞的现象。Malthus 虽然承认技术进步能够促进经济增长，但他完全忽视了技术进步的重要性，也低估了技术进步的前景，这导致他认为经济的持续稳定发展是不可能的。Ricardo 看到了利润对于发展社会生产力的重要性，认为只有增加利润，才能增加资本积累，并推动经济增长。但资本的积累需要现有的劳动分工以更大的规模出现，而劳动分工的发展却不易实现。这样便出现了资本快速积累和劳动分工滞后之间的矛盾。Ricardo 特别强调了这种矛盾，但他的解释并没有为消除这种矛盾提供有效的解决办法。经济学家对世界经济前景的悲观态度虽然与当时世界经济的发展状况一致，但也让经济学蒙上了最为人所知的称谓——"沉闷科学"。

　　古典的经济增长理论对于世界经济未来前景的预言是错误的，对于推动经济增长的要素与动力的理解也不够深入。但古典经济学家关于竞争性行为和均衡动态的基本处理方法，递减报酬的作用及其物质资本与人力资本积累的关系，人均收入及人口增长率之间的互动，不断增长的劳动专业化分工，以新产品新生产方法的形式出现的技术进步，以及作为对技术进步激励的垄断力量所起的作用等一些理论和观点奠定了经济增长现代理论的基本成分，是现代经济增长理论的基石（Barro and Sala-i-Martin，2004）。

3.1.2　新古典增长理论与 Solow 增长因素分解模型

1. 新古典经济增长理论

　　新古典经济增长理论的起点可以追溯到 Ramsey（1928）发表的经典文章《储蓄理论的数学表述》。他利用可分效用函数对家庭跨时最优化的分析表明，一方面，如果一个国家储蓄越多，那么他就能以更快的速度接近"极乐"；[①]另一方面，储蓄要以牺牲现时消费为代价。因此，决策者必须在牺牲短期消费和获得长期收益这两者之间做出权衡取舍。此后，以 Solow（1956）、Swan（1956）、Cass（1965）、Koopmans（1965）为代表的学者在 Ramsey 模型的基础上发展并完善了新古典增长理论，并形成了统一规范的分析框架。其基本假设包括：生产函数为新古典形式、规模报酬固定、要素投入报酬递减、技术进步外生及投入要素之间存在正的、平滑的替代弹性（Barro and Sala-i-Martin，2004）。在这个分析框架下，以外生储蓄率为特征的 Solow-Swan 模型和以内生储蓄率为特征的 Ramsey-Cass-Koopmans 模型均收敛于沿着鞍点路径的稳态（Barro and Sala-i-Martin，1995；Durlauf and Quah，1999）。这两个模型的共同特征是：在均衡时，人均收入、人均消费和资本-劳动比率均以与外生技术进步相同的速率增长。

　　新古典经济增长理论不但阐明了经济长期增长的主要推动力是技术进步，而且分析了经济向其长期稳态值转移的动态过程，这一过程表明，具有同样技术及相同经济参数（如储蓄率、人口增长率和折旧率等）两个经济体，其中初始人均产出水平较低的经济体，其人均产出增长率会比较高。从这个意义看，两个经济

体的人均产出水平彼此收敛。在新古典框架下，引发收敛性的机制源于边际报酬递减规律：对于两个具有相同储蓄率的国家，资本会从人均资本存量高的富裕国家流向人均资本存量低的贫穷国家，贫穷国家的资本深化将倾向于引起收敛效应（Rebelo，1991；Barro and Sala-i-Martin，2004；罗默，2003；Bianchi and Menegatti，2005）。[①]从转移动态的视角分析经济增长的路径无疑是有重要的现实意义，它为落后国家赶上发达工业化国家展现了光明的前景：落后国家只要保证资本积累，不管其初始的人均收入存在多大差异，最终都会收敛于发达国家的收入水平。

"新古典框架的主要贡献不在于它清晰明了的纯定性讨论，而在于它能量化不同因素对经济增长的影响效应……"（卢卡斯，2003）。新古典增长理论的另一个主要贡献就是分解经济增长的因素，即将经济增长的源泉分解到各个不同的因素中去。

2. Solow 增长因素分解模型

在第二次世界大战后的初期已经出现了许多对生产率及经济增长的经验性研究，当时的经验研究更接近于古典经济学家们的理论传统，例如，将企业看作是利润最大化的追求者，竞争性均衡，以及充分就业，等等。尽管缺乏现代理论框架去分析经济增长，但许多学者（Schmookler，1952；Davis，1955；Fabricant，1954；Kendrick，1956；Abramovitz，1956）对美国的经验研究已经表明，美国实际产出的增长要比增加投入所能贡献的产出增长要高许多。技术进步、劳动力构成的变化、人力资本的投资、资源从低生产率领域向高生产率领域的转移和再配置、规模经济等都被认为是经济增长的因素，但那时无人试图将各因素的贡献加以分解。

在这些早期研究中，较接近于现代经济增长因素分解的文献是斯坦福大学的Abramovitz（1956）在 1956 年向美国国民经济研究局提交的工作论文《1870 年以来美国的资源与产出趋势》。在该文献中，他回答了三个有关美国经济增长的问题，其中之一就是（自统一战争以来）美国经济中的人均净产出的增长有多少可以归因于劳动和资本投入的增加，有多少可以归因于生产率的增长。根据他的粗

---

① Barro and Sala-i-Martin（2004）、Sala-i-Martin（1990）、Barro 和 Sala-i-Martin（1992）、Mankiw 等（1992）等学者将新古典收敛进一步分为 β 收敛与 σ 收敛。σ 收敛被定义为国家（地区）间实际收入的离差随时间而衰减，用 σ_t 表示在时期 t 内两国（地区）的对数人均收入 $\lg y_{i,t}$ 的标准差，如果 $\sigma_{t+T} < \sigma_t$ 成立，则这两个国家（地区）将发生 σ 收敛。β 收敛被用来描述人均收入的增长率与其初始人均收入水平之间的负相关关系，β 收敛又被分为 β 条件收敛和 β 绝对收敛。如果国家（地区）之间的结构特征（包括技术水平、对时间的偏好、人口增长率、政策法律环境和市场结构等）具有同质性，而唯一存在差异的是人均资本初始存量，那么这些同质性国家（地区）将收敛于相同的稳态值，这种情况被称为绝对收敛；另外，在现实世界中，不同国家（地区）之间的结构特征存在很大的差异，因而表现出异质性。如不同国家（地区）之间就存在技术水平、储蓄倾向、时间偏好和人口增长率等行为参数的差异，那么一组异质性的经济体将收敛于各自长期的稳态值，这种情况被称为条件收敛。

略估算，从 1869~1978 年到 1944~1953 年的这两个十年之间，美国的人均净产出增长了 13.3 倍，其中，投入资源（工作小时和资本投入）的指数增长了 3.8 倍，[①]单位资源投入的产出增长了 3.5 倍。[②]由于受方法论及数据资料的限制，Abramovitz 对增长动力源的分解是粗略的，缺乏理论基础。另外，对于投入份额贡献的估计是建立在投入资源指数的基础上，这个指数是基年相关变量的加权平均数，其权数的确定带有随意性。最后，采用基年的权数去估计长达 80 余年的经济增长动力问题，很明显，由权数变化而造成估计上的偏误可能是惊人的。但 Abramovitz 明确提出了经济增长因素的分解问题，他的尝试性的解释对后来学者进一步深入研究具有导向作用。

受 Abramovitz 研究的启发，Solow（1957）在其原创性文章《技术变化和总量生产函数》中第一次明确提出了经济增长因素分解模型。和 Abramovitz（1956）一样，Solow 增长因素分解模型也是直接关注生产函数中的每一项对产出增长的贡献，与 Abramovitz 不同的是，Solow 提出了具体的经济增长因素分解模型，使得对增长因素的核算建立在一定的理论基础之上。在文章中 Solow 也详细的解释了各参数的计算办法。这篇文章和 Abramovitz 1956 年的文章，共同构成了现代经济增长理论分析的基础。

Solow 假设基本的生产函数为

$$Y = AK^{\alpha}L^{1-\alpha} \tag{3-1}$$

其中，A 为希克斯（Hicks）中性的生产率，Y 为产出，K、L 分别为资本投入和劳动投入，α 与 $1-\alpha$ 分别为资本和劳动投入的产出弹性。对式（3-1）取对数再对时间求导，就可得出增长因素核算的核心公式：

$$\dot{Y} = \dot{A} + \alpha\dot{K} + (1-\alpha)\dot{L} \tag{3-2}$$ [③]

式（3-2）表明，产出增长 $\dot{Y}$ 具有三个来源：生产率的增长率（$\dot{A}$）、资本投入的增长率（$\dot{K}$）及劳动投入的增长率（$\dot{L}$）。其中，$\dot{A}$ 通常被称为全要素生产率的增长，或多要素生产率的增长。

对式（3-2）作进一步变换，可得

$$\dot{Y} - \dot{L} = \dot{A} + \alpha(\dot{K} - \dot{L}) \tag{3-3}$$

---

① 投入资源指数为工作小时数增长幅度和资本投入增长幅度的加权平均数，权数是在基年（1919~1928 年）的人均收入中工资收入与不动产收入的比例，Kendrick（1956）估计这个比例为 72：28，在 Abramovitz（1956）的研究中采用的比例为 3：1，即工作小时的权数为 3，资本投入的权数为 1。

② 这里 Abramovitz 隐含地采用了这样的公式，即产出的增长等于投入增长与生产率增长之积。

③ 变量标注上端点表示其增长率（下同）。

$\dot{Y}-\dot{L}$ 为劳动生产率的增长率，而 $\dot{K}-\dot{L}$ 为资本深化，也即劳动生产率的增长可以分解为生产率的增长与资本深化程度两部分。

给定一定时期的产出和投入增长率，利用式（3-2）或式（3-3）进行经济增长要素贡献的度量时，还需要知道以下两个变量的值，一是资本的产出弹性 α，二是希克斯中性的全要素生产率增长率。

对于资本产出弹性的估算，Solow（1957）使用的是直接估算法，具体方法如下。

将式（3-1）分别对资本投入 K 和劳动投入 L 分别求导，可得

$$\frac{\partial Y}{\partial K} = \alpha A K^{\alpha-1} L^{1-\alpha} = \alpha \frac{Y}{K} \qquad (3\text{-}4)$$

$$\frac{\partial Y}{\partial L} = (1-\alpha) A K^{\alpha} L^{-\alpha} = (1-\alpha) \frac{Y}{L} \qquad (3\text{-}5)$$

在完全竞争的市场环境假设下，生产者均衡需要满足的必要条件是资本和劳动投入的边际产出分别等于资本和劳动的价格，也即 $r = \frac{\partial Y}{\partial K} = \alpha \frac{Y}{K}$ 与 $w = \frac{\partial Y}{\partial L} = \frac{Y}{L}$。从而可以知道，资本和劳动投入的产出弹性分别等于资本报酬和劳动力报酬占总产出的份额分别为 $\alpha = \frac{rK}{Y}$ 与 $1-\alpha = \frac{wL}{Y}$。在一般情况下，资本报酬和劳动报酬可以通过统计数据得到，据此就可以计算出资本投入和劳动投入的产出弹性。

有了投入产出的数据及资本的产出弹性，那么根据式（3-6）或式（3-7）就可以得到全要素生产率增长率的数据：

$$\dot{A} = \dot{Y} - \left[\alpha \dot{K} + (1-\alpha) \dot{L} \right] \qquad (3\text{-}6)$$

或

$$\dot{A} = \dot{y} - \alpha \dot{k} \qquad (3\text{-}7)$$

其中，$\dot{y}$ 与 $\dot{k}$ 为劳动生产率（人均产出）的增长率和资本深化（人均资本）的增长率。从式（3-6）与式（3-7）可以看出，全要素生产率的增长其实质是从产出增长中扣除基本要素投入增长后的剩余部分，所以全要素生产率又称为"Solow 残差"。

Solow 使用上述方法估算了 1909～1949 年推动美国经济增长的各要素的贡献，结果发现，全要素生产率解释了美国经济在此期间劳动生产率增长的 87.5%，其余的归功于资本深化的作用。技术进步在美国经济增长中的决定性作用验证了新古典增长模型强调技术进步的重要性的结论。

Solow 的增长因素分解模型是新古典增长理论的一个重要贡献（Lucas，1988），他为许许多多的经济学家在一个相当长的时期内对经济增长因素的研究指明了方向。同时，他的研究使得当时的人们更加深刻地认识到经济增长的实质，以及影响经济增长的因素，尤其是技术进步对经济增长的重要作用无疑具有重大的理论意义和现实意义。在实证研究方面，虽然面对新经济增长理论的挑战，Solow 增长因素分解模型仍然是一种现代的人们分析经济增长动力、经济增长质量差异的主流方法。该模型被用来探求西方主要发达国家自 1973 年以后经济增长率下降的主要原因（Norsworthy et al.，1979；Clark，1978；Lindbeck，1983；Maddison，1987）。Young（1992，1994，1995，1998）、World Bank（1993）、Sun（2004）、Kim 和 Lau（1996）、Collins 和 Bosworth（1996）、Iwata 等（2002）等众多学者还运用该模型分析第二次世界大战后一些新兴工业化国家经济快速增长的动力源。另外，Solow 增长因素分解模型还提供了经济增长跨国比较的分析框架（Dougherty and Jorgenson，1996；Islam，1999；Bosworth and Collins，2008；Pratt et al.，2009）。

但 Solow 的要素贡献分解模型也存在一些缺陷。首先，在 Solow 增长因素分解模型中对残差的解释不能让人们满意。一直到 20 世纪 80 年代中期，由于方法论的限制，包括 Solow 在内的大多数经济学家一直将"Solow 残差"简单地归结为"技术进步"。而且由数据误差、外部冲击、制度变迁、效率改善及遗漏变量等因素导致的产出变化都归于残差项。显然，用残差来表示技术进步就会高估技术进步率。后来学者们对 Solow 增长因素分解模型改进的一条主线就是设法减少残差的大小（Maddison，1987）。其次，Solow 的要素贡献分解模型忽略了产业结构变迁对经济增长的影响。要素从生产率低的行业向生产率高的行业转移可以显著提高一个经济体整体的生产率及其对经济增长的贡献度。事实上，对一些转轨经济体而言，产业结构的变迁对经济增长的促进作用可能处于首要地位。再次，Solow 增长因素分解模型建立在新古典增长假设即完全竞争的市场环境、充分就业、企业总是位于技术前沿面进行生产等方面的基础之上，其约束条件在现实生活中很难满足（郭庆旺和贾俊雪，2005）。最后，Solow 虽然认识到技术进步对于经济增长的重要性，但技术进步的实质及技术进步的过程则被"有意"地忽略了。

3. Solow 增长因素分解模型研究进展

基于 Solow 增长因素分解模型存在的缺陷，学者们从不同角度对该模型进行完善和拓展，其进展主要体现在三个方面：第一方面是在 Solow 框架内通过更加准确的计量要素投入，以减少测量误差和残差项的值；第二方面是在增长因素分解中考虑经济结构调整的作用；第三方面是将技术进步"内生化"。本小节分析第一个方面的进展。第二、三方面的进展将在下文专门介绍。

Jorgenson 和 Griliches（1967）指出，Solow 增长因素分解模型将产出-投入分解为价格和数量两部分，这在实际估算时存在应用上的困难，这种困难主要表现在在资本投入和劳动力提供的服务中隐含的租赁价格水平的度量，以及在对价格水平变动的度量时存在系统性误差。因此，人们并不能准确度量实际的投入产出水平及投入产出的增长率。假设对产出水平和要素投入水平能进行更加准确的度量，那么就能在很大程度上减小 Solow 余值的大小。

另外，Solow 增长因素分解模型隐含的假设是所有投入生产的资本或是劳动都是同质的。但 Denison（1962，1967，1974）、Norsworthy 等（1979）、Jorgenson 等（1987）、Young（1992，1995）及 Gu 和 Ho（2000）等学者则对要素投入的同质性假设提出质疑，他们认为，设备的投资与土地或厂房等耐用品的投资的边际产出不同，同时，这些耐用品不同的服务期限对产出的贡献也不同。另外，在劳动投入中不同的教育程度、性别及年龄也会对应不同的边际产出。所以，在计量要素投入时，不但要考虑要素投入的数量，而且要考虑要素投入的质量。通常的做法是对不同种类的要素投入按照其质量指数进行加权。在此方面做出卓越贡献的经济学家包括诺贝尔奖获得者 Denison。在方法上，他沿用 Solow 残差法，将总产出的增长率分解为各种投入要素增长率的加权和全要素生产率增长率两部分。与 Solow 残差法不同的是，他将投入要素的分类更加细化，把资本分类为：住宅建筑与住宅土地、非住宅建筑和设备、非住宅土地及存货等。在劳动投入分类中考虑了劳动者的工作经历、劳动者受教育程度、性别和年龄等，然后利用权数合成总投入指数。用公式表示为

$$\dot{Y} = \alpha_0 + \alpha_1 \dot{K} + \alpha_2 \dot{L} + \cdots + \alpha_n \dot{X} \qquad (3\text{-}8)$$

其中，$\dot{Y}$ 为总产出的增长率，$\dot{K}, \dot{L}, \cdots, \dot{X}$ 为不同投入要素的增长率，$\alpha_1, \alpha_2, \cdots, \alpha_n$ 分别为各要素投入的份额，α_0 为全要素生产率。根据 Denison 对 1955～1959 年美国国民收入份额的测算，在国民收入的年增长率 2.67%中，有 44%是由生产率的增长提供的。

在 20 世纪 80 年代以后，在定量研究增长因素方面成就最突出的经济学家是美国著名经济学家乔根森。乔根森和他的同事（Jorgenson et al.，1987）利用超越对数生产函数的形式，在部门和整体两个层次上对美国经济的增长因素进行了分解。在部门层次上，他们的经济增长核算方法是基于部门生产函数的，该函数把部门产出作为中间投入、资本和劳动投入及时间的函数。在生产者均衡的假设条件下，部门产出的增长率被分解为中间投入增长率指数、资本投入增长率指数、

劳动投入增长率指数和生产率增长率指数四部分。Jorgenson 等（1987）的研究在劳动投入的计量方法上沿用了 Denison 的方法，但他们对资本投入的度量提出了具有创新意义的方法。他们对资本投入的度量建立在资本存量和资本服务租赁价格的基础之上，代替了在以往增长因素核算中简单的以资本存量代替资本服务的传统度量方法。

他们将经过行业加总的经济整体增加值的增长分解为资本存量、资本存量的质量增长率的总和、工作小时数及工作小时质量指数增长率的总和、各部门间的增加值、资本投入与劳动投入的重新配置三部分。对美国的研究表明，1948~1979年美国经济的年均增长率为 3.4%，资本和劳动投入对经济增长的贡献占了 3/4 以上，而生产率水平进步对经济增长的贡献不到 1/4。

Gu 和 Ho（2000）对 1961~1995 年加拿大与美国私人工业增长因素的研究结果表明，在精确的计量要素投入后，要素投入对经济增长的贡献为 2/3，技术进步对经济增长的贡献为 1/3。另外，Kim 和 Lau（1996）、Young（1992，1994，1995）、World Bank（1993）、Lau 和 Park（2003）等学者对第二次世界大战后亚洲新兴工业化国家（地区）——中国香港、韩国、新加坡和中国台湾的经济增长的研究也表明，这些国家（地区）创造奇迹的主要推动力是要素投入，而非技术进步。

3.1.3　新增长理论与增长因素

自 20 世纪 80 年代中期以来，以 Romer（1986）和 Lucas（1988）等学者的研究为开端，一度沉寂的经济增长问题再次成为学者们关注的热点。这一阶段经济增长理论主要致力于研究一个国家经济的持续增长是如何被经济系统的内生变量决定的（潘士远和史晋川，2002），也被人们称为内生经济增长理论或新增长理论。内生经济增长理论是对新古典增长理论的重要发展。

与新古典增长理论相比，内生经济增长理论主要探讨技术进步得以实现的各种机制（朱勇和吴易风，1999），从一个更广泛的视角研究经济增长的动力和源泉。根据不同学者对技术进步内在机制的理解，新增长理论从大体上可以分为三类：技术扩散模型（Arrow，1962；Young，1991）、垄断竞争与研发（research and development，R&D）模型（Grossman and Helpman，1991；Aghion and Howitt，1992）和外部性模型（Romer，1986，1990；Lucas，1988）。技术扩散模型认为，投资产生溢出效应，不仅投资的厂商可以通过积累生产经验提高生产率，其他厂商也可以通过技术模仿提高生产率。另外，进出口贸易和外商直接投资也是在世界范围内进行技术扩散的主要途径，模仿和学习而产生的技术扩散是技术得以进步的主要机制。垄断竞争与研发模型是在传统产品生产部门的基础上引入研究与开发部门（罗默，2003），当分配给研发部门更多的资源时就会产生更多的科学发现，从而能带来更快的技术进步。这种技术进步既表现为生产和消费品种类的增加（Romer，1987，1990），同时又表现为更高质量的产品取代低质量产品的"创造性毁灭"过程（Aghion and Howitt，1992）。外部性模型包括 Romer（1986，1990）的知识外部性模型，以及 Lucas（1988）的人力资本模型。知识外部性模型假定知识具有外溢效应，即任何厂商生产的知识可以随时为其他厂商所用。知识溢出促进了技术进步，同时也是解释经济增长动力的重要原因。

人力资本模型强调人力资本的积累是经济可持续增长的另一动力。经济学家很早就认识到人力资本对长期的经济增长至关重要，Schultz（1962）、Becker（1964）和 Denison（1985）等学者指出，那些受过良好训练的工人会更出色的完成任务，更快地掌握最新的技术。受这个思想的启发，Lucas（1988）将人力资本引入到生产函数中，构造了两部门内生增长模型。与 Romer（1986）强调知识积累的外部性不同，人力资本模型强调人力资本积累的外部性：人力资本积累不但对其自身有生产率提高的效应（内部效应），而且所有工人（包括那些没有接受正规教育的工人）的生产率将因整个社会平均人力资本水平的提高而提高（外部效应）。

Lucas 区分了个体获得人力资本的两种方式：教育和干中学。在通过教育获得人力资本的模型中，由于人力资本能够带来高工资，所以个体在每个时期都面临当前生产和获取技能（即受教育）之间的权衡取舍问题。该模型证明，当外部效应足够大时，随着人力资本存量的持续增加，即便人力资本投资的收益递减，个体对人力资本的投资动机也不会减少，人力资本存量会无限增加，从而产生持续的经济增长。在这个意义上，Lucas 将人力资本作为经济增长的因素和动力源之一。Mankiw 等（1992）、Temple（1999）、Söderbom 和 Teal（2003）、Mastromarco 和 Ghosh（2009）等学者的经验研究证实了 Lucas 的观点。

3.1.4　产业结构调整、资源再配置与经济增长

产业结构调整、资源再配置与经济增长的关系问题，从大体上可以分为两派相互对立的观点。在新古典经济增长理论的框架下，消费者的需求结构决定了资源在不同部门的配置，而竞争的市场环境和要素的可自由流动确保要素价格在部门之间的均等性。同时，企业的利润最大化目标又决定了要素价格等于要素的边际产出。如果这些新古典条件能够被满足，那么市场运行的结果必然是：产品市场和要素市场总能够保持均衡，无论从生产者还是从消费者的角度看，资源的配置效率均处于帕累托最优状态。按照新古典学说的理论逻辑，即便是在资源可以自由流动的世界里，劳动生产率的变动在所有部门中都将遵循同样的轨迹。或者说，资源在同一产业内的不同行业之间，甚至是在不同产业部门之间的转移与再配置对总产出的影响并不重要，资源再配置与产业结构调整只是经济增长的副产品（Echevarria，1997）。而 Solow 增长要素分解模型就集中体现了这一思想，产

出的结构变化及要素投入结构的变化等因素就被忽略了。

以 Kuznets（1971，1973）、Rostow（1971）、Chenery 和 Syrquin（1975）、Baumol（1967，1985）等为代表的另一派学者通过对多国数据的统计分析指出，经济是非均衡的，资源不可能长期处于帕累托最优状态。一方面，生产率水平在不同部门是非均衡的，存在系统性差异，当生产要素由生产率水平低的部门流向生产率水平高的部门时，总体经济的生产率水平将会被提高。另一方面，劳动和资本在不同产业部门的边际收益也是不同的，因此，通过部门间要素流动而产生的再配置会增加总产出。据此，这些学者认为资源的流动和再配置是提升生产率水平与经济增长的主要动力源泉之一。而且对于发展中国家来说，其经济非均衡的程度可能更加严重，因此，发展中国家的资源转移较发达国家的资源转移而言是更重要的增长因素。下文简单介绍资源再配置与经济增长之间关系的不同理论和观点。

1. 新古典经济增长理论与资源再配置

新古典经济增长理论长期以来一直都是经济学家们探求经济增长动力机制、评估经济增长绩效的主流理论和分析框架。"竞争性均衡"是该理论框架的基本假定和分析的起点，由 Ramsey（1928）提出的动态一般均衡分析方法是该理论框架的基本分析方法（Barro and Sala-i-Martin，2004）。[①]

在新古典理论框架下，"看不见的手"将引导经济沿着最优增长路径移动。分散经济不但可以实现静态帕累托最优，而且能够实现动态帕累托最优。因此，在任何既定时点，资本和劳动等生产要素在部门之间或者行业之间的流动与再配置都不能增加产出（Chenery et al.，1986）。而在长期经济均衡时的稳态，人均收入、人均消费及资本-劳动比率均以和外生技术进步相同的速率增长，技术进步成为长期经济增长的唯一动力源泉。从而忽视了产业结构调整，以及劳动、资本再配置对长期经济增长的重要性（齐默尔曼，2003）。

2. 新经济增长理论与资源再配置

新经济增长理论与新古典经济增长理论具有共同的思想基础，即动态一般均衡理论（罗默，2003）。新经济增长理论对新古典经济增长理论中市场调节的帕累托最优进行了修正，新经济增长理论认为，"在经济中存在外部性或垄断因素的前提下，分散经济可以实现均衡增长，但这种动态均衡一般不是帕累托最优。这时可以通过政府这只'看得见的手'消除市场机制造成的资源配置扭曲……"（朱勇和吴易风，1999）。也就是说，新经济增长理论认为，可以通过市场和政府

---

① 新古典框架下的动态一般均衡分析方法是根据 Kuhn-Tucker 定理在消费者预算约束条件下求解代表性家庭的跨时效用最大化问题。

的共同作用，促使经济达到帕累托最优。与帕累托最优状态相对应的是要素的跨部门流动对经济增长作用的无效性。

可以说，虽然新经济增长理论提高了人们对经济增长机制和经济增长过程的认识，对现实世界也具有更强的解释力。但其理论基础仍然存在缺陷，其对自由市场经济中的"看不见的手"的调节能力估计过高，忽视了在经济环境中经常存在的"非均衡"现象对经济增长的影响。

3. 资源再配置与经济增长：发展经济学的观点

与增长理论学者们所持的观点不同，发展经济学家们认为，由于如要素市场的分割及调整过程中的障碍和调整滞后等原因，市场环境中的非均衡经济现象才是现实经济生活的常态，尤其在发展中国家的二元市场条件下更是如此。非均衡现象的存在使得分散经济通常达不到帕累托最优状态，那么就存在着通过要素流动提高资源配置效率的帕累托改进。例如，Kuznets（1957）的跨国研究发现，人均产出和生产率的高增长率总是与生产结构的高转换率联系在一起。Denison（1967）对美国 1929～1957 年的经济增长因素的研究发现，美国经济增长的 12% 是由结构优化产生的。Pack（1992）的研究发现，在发展中国家中，几乎 2/3 的人均收入增长是由农业部门和现代工业部门劳动力的重新配置引起的。

由于市场非均衡而引发的资源再配置与经济增长之间的关系可以通过刘易斯（1989）的"二元经济理论"得到更正式的理论阐释。在刘易斯模型中，经济体由传统农业部门和现代工业部门组成。在现代工业部门经济增长的初始阶段，该部门对劳动力的吸收能力有限。在传统的农业部门则存在劳动力的无限供给，由于土地有限，劳动的边际生产率很小或等于零，甚至为负数，劳动力的价格是仅够维持生活的最低工资，基本上没有积累。

现代工业部门雇用的劳动力数量由劳动供给曲线和需求曲线共同决定。农业部门劳动力的无限供给决定了现代工业部门所雇用的劳动力数量仅取决于其需求状况，而且农业部门的人均收入水平决定了现代工业部门的工资下限，劳动力的工资水平基本保持不变。在技术和资本不变的条件下，根据新古典理论，现代工业部门对劳动力的需求曲线，从而其所雇用的劳动力数量是给定的。然而，作为资本家将其利润不断转化为资本投入到现代工业部门的结果，现代工业部门的劳动需求曲线不断外移，其所雇用的劳动力数量也不断增加。在工资条件不变的情况下，资本投入和劳动投入数量的扩大意味着资本家的利润进而是积累且不断增长的。这样，在现代工业部门就形成了一个良好的自增长机制：资本形成增加—劳动力需求增加—雇用的劳动力数量增加—利润增长—资本形成增加。

现代工业部门的自增长过程一直持续到其将所有的农业部门的剩余劳动力都吸收完毕。此后，由于农业部门劳动力数量的减少，农村劳动力的边际产出开始大于零，现代工业部门支付给劳动力的工资开始上升，导致利润下降，资本积累和资本形成减少，现代工业部门的扩张开始减慢。

　　刘易斯的二元经济理论将经济结构的调整和资源从农业部门向现代工业部门的再配置概括为：初始的资源分布状况（劳动力和土地在农业部门的分布状况、劳动力与资本在现代工业部门的分布状况）决定了两个部门的劳动生产率差异，劳动生产率的差异决定了部门对劳动力的需求和劳动力由农业部门向现代工业部门的流动及再配置。在工资水平一定的条件下，劳动力的再配置造成了现代工业部门的积累率不断提高，并进一步吸引农业部门的剩余劳动力。结果造成现代工业部门不断扩张，而农业部门的经济增长相对缓慢。刘易斯的分析表明，发展中国家只有重点发展具有较高积累率的现代工业部门，并将资源从传统农业部门配置到现代工业部门，那么该经济体就能实现经济的快速增长。

　　在刘易斯二元经济理论的影响下，资源再配置与经济结构调整对经济增长的效应受到越来越多的关注，后来人们进一步将生产要素从低生产率部门向高生产率部门转移所带来的经济整体生产率的提升称为结构红利假说（Maddison，1987；Timmer and Szirmai，2000；Peneder，2003）。学者们使用不同国家（特别是发展中国家）不同发展阶段的统计数据对这一假说进行了实证检验，其中较有影响力的研究包括 Syrquin（1984）、Chenery 等（1986）、Jorgenson（1988）、Nordhaus（2002）等的研究。

3.2　研　究　框　架

　　本书的研究在以下三个层次上展开：第一，利用总量生产函数研究工业总量的增长因素；第二，利用面板数据和超越对数生产函数研究工业行业的增长因素；第三，利用拓展的钱纳里–塞尔奎因模型研究中国工业增长的资源再配置因素。

3.2.1　工业增长因素分解

1. 工业总量增长因素分解模型

　　假定 Y、K、L、H 分别为总量水平上的工业增加值、资本投入、劳动投入及人力资本水平。借鉴大多数学者的做法，在样本数据较少的情况下采用待估计参数较少的 C-D 生产函数。根据 Wang 和 Yao（2003）与 Bosworth 和 Collins（2008），人力资本与劳动力以乘积的形式进入生产函数，则工业总量生产函数为

$$Y_t = AK_t^{\alpha}(H_t L_t)^{\beta} \qquad\qquad (3\text{-}9)$$

其中，$H_t L_t$ 为经过质量调整后的劳动投入水平，也称为有效劳动；A 为希克斯中性技术系数，也是测算全要素生产率（用 TFP 表示）的切入点。对式（3-9）取对数，并对时间求导，可得

$$\dot{Y}_t = \dot{A}_t + \alpha \dot{K}_t + \beta(\dot{H}_t + \dot{L}_t) \qquad （3-10）$$

变量加点表示增长率，t 表示时期。式（3-10）即本书构建的中国工业总量三要素投入增长因素分解模型。在传统的两要素（资本和劳动投入）增长因素分解模型中，其遗漏的重要解释变量及对数据的测量误差都要计入全要素生产率项，当以全要素生产率表示技术进步时，就会高估技术进步率。与传统的两要素模型对中国工业的研究相比，式（3-10）将人力资本作为独立的生产要素纳入生产函数，从而将人力资本对产出增长的贡献从全要素生产率的贡献中分离出来，使全要素生产率能够较准确地反映中国工业技术水平状况，克服了现有研究中的因遗漏重要解释变量而高估技术进步率的不足。

　　式（3-10）将工业产出增长分解为三部分，即全要素生产率增长、资本增长率与有效劳动投入增长率的加权平均，其权数分别为资本和有效劳动的产出弹性。使用式（3-10）进行增长核算的关键在于估算出 $\dot{A}$、α、β 等参数的值（具体估算方法见第 4 章）。在估计出要素的产出弹性与全要素生产率增长率后就可以计算出各因素对产出增长的贡献度：

$$c_{K,t} = \frac{\alpha \cdot \dot{K}_t}{\dot{Y}_t} \qquad （3-11）$$

$$c_{L,t} = \frac{\beta \cdot \dot{L}_t}{\dot{Y}_t} \qquad （3-12）$$

$$c_{H,t} = \frac{\beta \cdot \dot{H}_t}{\dot{Y}_t} \qquad （3-13）$$

$$c_{TFP,t} = \frac{\dot{TFP}_t}{\dot{Y}_t} \qquad （3-14）$$

其中，$c_{K,t}$、$c_{L,t}$、$c_{H,t}$、$c_{TFP,t}$ 分别为第 t 年资本投入、劳动投入、人力资本与全要素生产率对产出的贡献度。

　　总量生产函数隐含着严格的约束条件，如行业同质，每一个工业行业的生产函数与总量生产函数都具有相同的形式；市场处于竞争性均衡状态，生产要素的价格对于所有工业行业而言是相同的，而且每个行业的要素投入函数相同（Jorgenson et al.，1987）。但在现实中由于不同行业所面对的市场环境、生产特征、产品的生命周期等均存在显著差异，工业行业的增长表现出异质性。使用工

业行业生产函数克服了总量生产函数不能反映行业增长异质性的缺陷。

2. 工业行业增长要素分解模型

假定一国工业包括 i 个行业（ $i=1,2,\cdots,n$ ）， Y_i、 K_i、 L_i、 H_i 分别表示第 i 个行业的不变价工业增加值、资本存量、劳动力和人力资本。为了捕捉工业行业之间的异质性，本书采用添加人力资本的超越对数生产函数：

$$\ln Y_{i,t} = \alpha_0 + \alpha_1 t + \frac{1}{2}\alpha_2 t^2 + \alpha_3 \ln K_{i,t} + \alpha_4(\ln L_{i,t} + \ln H_{i,t}) + \frac{1}{2}\alpha_5(\ln K_{i,t})^2$$
$$+ \frac{1}{2}\alpha_6(\ln L_{i,t} + \ln H_{i,t})^2 + \frac{1}{2}\alpha_7 \ln K_{i,t}(\ln L_{i,t} + \ln H_{i,t}) + \alpha_8 t \ln K_{i,t} \quad （3-15）$$
$$+ \alpha_9 t(\ln L_{i,t} + \ln H_{i,t})$$

如果能够估计出式（3-15）中各参数的值，那么就可以计算出第 i 个行业的要素产出弹性。具体计算公式为

$$\alpha_{i,t} = \frac{\partial \ln Y_{i,t}}{\partial \ln K_{i,t}} = \alpha_3 + \alpha_5 \ln K_{i,t} + 0.5\alpha_7(\ln L_{i,t} + \ln H_{i,t}) + \alpha_8 t \quad （3-16）$$

$$\beta_{i,t} = \frac{\partial \ln Y_{i,t}}{\partial(\ln L_{i,t} + \ln H_{i,t})} = \alpha_4 + \alpha_6(\ln L_{i,t} + \ln H_{i,t}) + 0.5\alpha_7 \ln K_{i,t} + \alpha_9 t \quad （3-17）$$

其中， $\alpha_{i,t}$、 $\beta_{i,t}$ 分别为第 i 个工业行业在第 t 年的资本产出弹性与有效劳动产出弹性。与 C-D 生产函数相比，超越对数生产函数最大的优势在于可以获得不同行业，以及同一行业不同年份的要素产出弹性，可以充分地反映工业行业之间的异质性。另外，由于在 1985～2007 年 36 个工业行业共包括了 828 个样本数据，大样本数据克服了使用超越对数生产函数所带来的自由度损失对估计结果造成的影响。

在计算出要素的产出弹性后，就可以根据式（3-18）计算各工业行业的全要素生产率增长率，并进一步计算出各投入要素及全要素生产率对工业行业产出增长的贡献度。计算工业行业全要素生产率增长率的公式为

$$\mathrm{TFP}_{i,t} = \dot{Y}_{i,t} - \alpha_{i,t}\dot{K}_{i,t} - \beta_{i,t}(\dot{L}_{i,t} + \dot{H}_{i,t}) \quad （3-18）$$

计算各要素及全要素生产率对产出增长贡献度的公式类似于式（3-11）～式（3-14）。

3.2.2　资源再配置对工业增长的作用

总量生产函数假定经济制度有足够的灵活性以维持商品市场与要素市场的均衡，所有部门的要素收益都等于要素的边际产出（Chenery et al.，1986）。因此，

生产要素在行业间的再配置不能增加总产出。但在现实中由于行业增长异质性及市场经常处于非均衡状态，那么就存在生产要素由低生产率行业流向高生产率行业所带来的帕累托改进。因此，生产要素可以从直接和间接两个渠道影响工业增长。直接渠道就是通过生产要素的积累而对产出造成影响；间接渠道则是通过生产要素从低效率行业向高效率行业的转移和再配置实现。

这里需要指出的是，与劳动力和资本等有形投入相同，人力资本对经济增长的影响也有直接和间接两条渠道：直接渠道源于 Lucas 的干中学效应及在职培训等，也就是说，劳动力在工作过程中获得了人力资本存量的增加；间接渠道来源于当劳动力由低效率行业流动到高效率行业时，附属于劳动力的人力资本也实现了在行业之间的转移和再配置。人力资本的再配置也是影响工业整体全要素生产率表现的重要因素之一。

1. 劳动力再配置对工业整体劳动生产率增长的效应

Maddison（1952）最早考察了劳动力再配置与劳动生产率之间关系，并提出了偏离-份额法，用该方法将劳动生产率增长中的劳动力再配置效应分离出来。这种方法将行业加总的工业整体劳动生产率分解为部门的生产率增长效应和资源再配置效应，而资源再配置效应又进一步被分解为静态再配置效应和动态再配置效应两部分。Wolff（1985）、Wu（2000）、Timmer 和 Szirmai（2000）、Peneder（2003）等学者使用这一方法对不同类型国家的资源再配置效应进行了研究。

设行业加总的工业整体劳动生产率为 X，X_i 为第 i 个工业行业的劳动生产率。则

$$X = \frac{\sum_i Y_i}{\sum_i L} = \frac{\sum_i (\frac{Y_i}{L_i} L_i)}{L} = \frac{\sum_i (X_i L_i)}{L} = \sum_i (l_i X_i) \quad (3\text{-}19)$$

其中，$l_i = L_i / L$ 为第 i 个行业的劳动力占全部劳动力的份额。工业整体劳动生产率在第 $t-1$ 时期到第 t 时期的增长率可以写为

$$
\begin{aligned}
g(X_t) &= \frac{X_t - X_{t-1}}{X_{t-1}} = \frac{\sum_i (l_{t,i} X_{t,i} - l_{t-1,i} X_{t-1,i})}{X_{t-1}} \\
&= \frac{\sum_i \left[l_{t,i}(X_{t,i} - X_{t-1,i}) + (l_{t,i} - l_{t-1,i}) X_{t-1,i} \right]}{X_{t-1}} \\
&= \sum_i \frac{X_{t-1,i}}{X_{t-1}} \left[l_{t,i} g(X_{t,i}) + l_{t,i} - l_{t-1,i} \right]
\end{aligned}
\quad (3\text{-}20)
$$

令 $x_{t-1,i}\left(=\dfrac{X_{t-1,i}}{X_{t-1}}\right)$ 为 $t-1$ 期第 i 个行业的劳动生产率相对于工业整体劳动生产率的相对劳动生产率，并令 $\Delta l_{t,i}\left(=l_{t,i}-l_{t-1,i}\right)$ 为行业 i 的劳动力份额的变动。对式（3-20）的右边同时加上和减去因式 $\sum\limits_i x_{t-1,i}l_{t-1,i}g(X_{t,i})$，则式（3-20）可以改写为

$$g(X_t)=\sum_i x_{t-1,i}l_{t-1,i}g(X_{t,i})+\sum_i x_{t-1,i}\Delta l_{t,i}+\sum_i x_{t-1,i}\Delta l_{t,i}g(X_{t,i})\qquad（3-21）$$

定义 $s_{t-1,i}=x_{t-1,i}l_{t-1,i}$，并注意到 $x_{t-1,i}l_{t-1,i}=\dfrac{Y_{t-1,i}}{Y_{t-1}}$，那么 $s_{t-1,i}$ 表示在 $t-1$ 期时行业 i 的产出占全部行业的产出的比重。那么式（3-21）可以进一步写为

$$g(X_t)=\sum_i s_{t-1,i}g(X_{t,i})+\sum_i x_{t-1,i}\Delta l_{t,i}+\sum_i x_{t-1,i}\Delta l_{t,i}g(X_{t,i})\qquad（3-22）$$

式（3-22）表明，工业整体劳动生产率的增长率可以被分解为三部分。$\sum\limits_i s_{t-1,i}g(X_{t,i})$ 是所有行业劳动生产率增长率的加权和，权重为第 i 个行业第 $t-1$ 期的产出份额，其也被称为生产率增长效应。它度量了当各行业产出份额分布不发生变动的情况下，仅仅由工业行业自身的人力资本水平提高、技术进步和资本深化等因素导致的各行业劳动生产率的增长而带来的工业整体劳动生产率的增长。

式（3-22）中的 $\sum\limits_i x_{t-1,i}\Delta l_{t,i}$ 是行业相对劳动生产率的加权和，权重为行业劳动力份额的改变量。这一项度量了当行业的相对劳动生产率不发生变化时，仅劳动力从低生产率行业流向高生产率行业时对工业整体劳动生产率的影响。这个影响也被称为资源的静态再配置效应。如果劳动力一开始就流入具有较高劳动生产率的行业，那么该行业的劳动份额将增加，这对工业整体的劳动生产率将有正向影响。相反，当劳动力流向较低生产率的行业时，其对工业整体劳动生产率则具有负向影响。

式（3-22）中的 $\sum\limits_i x_{t-1,i}\Delta l_{t,i}g(X_{t,i})$ 度量了行业劳动生产率变化与劳动力流动共同作用于工业整体劳动生产率的交叉影响，其影响的权重为第 $t-1$ 期各行业的相对劳动生产率。该项反映了要素流动的动态再配置效应：如果劳动力流入劳动生产率增长较快的行业，那么该行业的劳动份额增加将导致工业整体劳动生产率水平的提升，而相反地，劳动力流动则对工业整体劳动生产率水平将产生负向影响。

动态再配置效应与静态再配置效应之和就是劳动力再配置对工业整体劳动生产率增长的效应。

2. 工业增长的资源再配置因素

行业生产函数是基于每一个工业行业生产者的均衡条件推导出来的。由于市场不均衡及行业增长异质性，那么用行业加总数据核算的工业整体全要素生产率就与行业水平上的工业整体全要素生产率不同，这种差异度量了资源再配置对工业整体全要素生产率增长的效应（Masell，1961；Chenery et al.，1986；Timmer and Szirmai，2000）。资源的优化再配置带来了生产效率提升并加快了工业增长速度，因而也成为工业增长的重要因素之一。

研究资源再配置对工业增长作用的一个难点和关键问题是如何准确地计量资源再配置对全要素生产率增长率的影响效应（曾先峰和李国平，2009）。对资源再配置效应定量研究做出贡献的学者有 Maddison（1952）、Masell（1961）、Stiroh（2002）、Chenery 等（1986）、Timmer 和 Szirmai（2000）、Nordhaus（2002）等。其中 Chenery 等学者构建的模型——钱纳里-塞尔奎因模型因其理论含义明确而被广泛应用于实证研究。但他们的模型只包含资本和劳动力两种投入要素的再配置，本书则将钱纳里-塞尔奎因模型做了拓展，分析了包括人力资本在内的三种投入要素的再配置效应。需要指出的是，在核算工业行业的投入产出数据时均使用了具有行业特征的价格缩减指数，因此，与工业总量数据相比，行业加总数据隐含反映了行业之间的异质性。

假定行业加总的工业整体增加值、资本、劳动、人力资本分别为 Y_t'、K_t'、L_t' 与 H_t'。根据钱纳里-塞尔奎因模型，行业加总的工业整体的要素产出弹性为工业行业要素产出弹性的加权平均，即

$$\alpha_t' = \sum_i s_{i,t}\alpha_{i,t} \qquad (3\text{-}23)$$

和

$$\beta_t' = \sum_i s_{i,t}\beta_{i,t} \qquad (3\text{-}24)$$

其中，$s_{i,t}$ 为第 t 时期行业 i 的产出占总产出的比重，且对于每一个 t 均有 $\sum_i s_{i,t} = 1$。

行业加总的工业整体与分行业的各变量具有如下关系：$Y_t' = \sum_i Y_{i,t}$、$K_t' = \sum_i K_{i,t}$ 及 $L_t' = \sum_i L_{i,t}$。由于人力资本不能叠加，本书将工业整体的人力资本表示为行业人力资本的加权平均，权数为行业劳动力占工业整体劳动力的比重，即

$$H_t' = \sum_i l_{i,t}H_{i,t} \qquad (3\text{-}25)$$

根据 Solow 的经典方法，行业加总的工业整体产出 Y_t 的增长率可以表示为

$$\dot{Y}_t' = \alpha_t' \dot{K}_t' + \beta_t' (\dot{L}_t' + \dot{H}_t') + T\dot{F}P_t' \qquad （3-26）$$

其中，$T\dot{F}P'$ 为工业整体的全要素生产率的增长率。根据 Jorgenson 等（2008）的研究，工业整体产出的增长率还可以表示为行业产出增长率的 Domar 加总，即

$$\dot{Y}_t' = \frac{\Delta\left(\sum_i Y_{i,t}\right)}{Y_t'} = \sum_i s_{i,t} \dot{Y}_{i,t} \qquad （3-27）$$

将式（3-18）、式（3-26）代入式（3-27）并做简单处理，可以得到如下核算资源再配置增长效应的公式[式（3-28）]：

$$\begin{aligned}
T\dot{F}P_t' - \sum_i s_{i,t} T\dot{F}P_{i,t} &= \left(\sum_i s_{i,t}\alpha_{i,t}\dot{K}_{i,t} - \alpha_t'\dot{K}_t'\right) + \left(\sum_i s_{i,t}\beta_{i,t}\dot{L}_{i,t} - \beta_t'\dot{L}_t'\right) \\
&\quad + \left(\sum_i s_{i,t}\beta_{i,t}\dot{H}_{i,t} - \beta_t'\dot{H}_t'\right)
\end{aligned} \qquad （3-28）$$

记 TRRE 为资源配置效应，则

$$TRRE_t = T\dot{F}P_t' - \sum_i s_{i,t} T\dot{F}P_{i,t} \qquad （3-29）$$

资源再配置对工业整体增长的贡献度可以用资源再配置效应与产出增长率之比来表示。

将式（3-23）、式（3-24）代入式（3-28），则有

$$TRRE_t = \sum_i s_{i,t}\alpha_{i,t}(\dot{K}_{i,t} - \dot{K}_t') + \sum_i s_{i,t}\beta_{i,t}(\dot{L}_{i,t} - \dot{L}_t') + \sum_i s_{i,t}\beta_{i,t}(\dot{H}_{i,t} - \dot{H}_t') \qquad （3-30）$$

式（3-30）表明，总的资源再配置效应可以分为三部分，其中，$\sum_i s_{i,t}\alpha_{i,t}(\dot{K}_{i,t} - \dot{K}_t')$ 为资本再配置效应，$\sum_i s_{i,t}\beta_{i,t}(\dot{L}_{i,t} - \dot{L}_t')$ 和 $\sum_i s_{i,t}\beta_{i,t}(\dot{H}_{i,t} - \dot{H}_t')$ 分别为劳动投入与人力资本的再配置效应。其中，各投入要素占产出的份额可以表示为

$$\alpha_{i,t} = \frac{MPK_{i,t}K_{i,t}}{Y_{i,t}} \qquad （3-31）$$

$$\beta_{i,t} = \frac{MPL_{i,t}L_{i,t}}{Y_{i,t}} \qquad （3-32）$$

$$\beta_{i,t} = \frac{\mathrm{MPH}_{i,t} H_{i,t}}{Y_{i,t}} \qquad (3\text{-}33)$$

将式（3-31）、式（3-32）和式（3-33）代入式（3-30），并注意到工业整体资本和劳动投入的改变量等于各行业的变化量之和，即 $\Delta K_t' = \sum_i \Delta K_{i,t}$ 和 $\Delta L_T' = \sum_i \Delta L_{i,t}$，式（3-30）还可以进一步表示为

$$\mathrm{TRRE}_t = \frac{1}{Y_t}\left[\sum_i \Delta K_{i,t}(\mathrm{MPK}_{i,t} - \mathrm{MPK}_t) + \sum_i \Delta L_{i,t}(\mathrm{MPL}_{i,t} - \mathrm{MPL}_t) \right. $$
$$\left. + \sum_i (\Delta H_{i,t}\mathrm{MPH}_{i,t} - \Delta H_t'\mathrm{MPH}_t) \right] \qquad (3\text{-}34)$$

式（3-34）就是本书所建立的拓展的钱纳里-塞尔奎因模型。与式（3-30）相比，式（3-34）中的资源再配置效应的含义更加清晰明确：只有当某一行业的资本和劳动投入的边际产出大于工业整体的边际产出时，资源向该行业的再配置才能提高整体的配置效率，并进而促进整体生产率的提高。人力资本附着在劳动力上，并随劳动力的流动实现再配置，其再配置效应的大小用式（3-34）右边最后一项表示。

将式（3-26）、式（3-29）与式（3-34）结合起来，那么工业整体产出的增长可以归因于五部分：资本投入增长、劳动力投入增长、人力资本存量增长、纯生产率提高（用行业全要素生产率增长率的加权平均表示）及资源再配置。这五个增长要素对工业整体增长的贡献度可以使用式（3-11）～式（3-14）计算。

3.3 小　　结

如何才能实现持续快速的经济增长？人们对这一古老问题的关注已经长达数个世纪之久。在漫长的增长实践探索中，理论界发展起来了各种较为成熟的分析框架和理论体系。古典经济学家们从分工、要素投入、人口增长、技术进步等角度理解经济增长的源泉。虽然古典的经济增长理论对世界经济未来前景的预言是悲观的和错误的，其对推动经济增长的要素与动力的理解是直观的、朴素的，但古典经济学家关于竞争性行为和均衡动态的基本处理方法，递减报酬的作用及其物质资本与人力资本积累的关系，人均收入与人口增长率之间的互动，不断增长的劳动专业化分工，以新产品、新生产方法的形式出现的技术进步，以及市场垄断可以激励技术进步的理论和观点已经成为经济增长现代理论的基本成分，并已经成为现代经济增长理论的基石。

　　新古典经济增长理论强调了资本和劳动等初级要素投入，以及技术进步等要素对增长的主要推动作用。该理论的重要贡献是在竞争性均衡的框架下分离出了各要素对产出增长的贡献度，也被称为增长因素分析。新古典增长理论是自 20世纪 50 年代以来人们分析经济增长动力，以及经济增长绩效的主流方法。但该理论仍然存在诸多缺陷，例如，在核算增长因素时，使用全要素生产率增长率表示技术进步会带来对技术进步对产出增长贡献度的向上偏误。

　　后来的学者主要从三个方面发展了新古典理论框架下的增长要素分析。一是通过对投入的要素进行更精确的统计以消除由测量误差对技术进步造成的过高估计；二是在增长因素分析中考虑了要素流动和资源再配置对生产率及产出增长的影响效应；三是将技术进步内生化，也即考虑了新增长理论框架下推动技术进步的内在机制，包括技术扩散模型、垄断竞争与研发模型和外部性模型。

　　本书的研究框架。本书分三个层次研究中国工业增长因素。第一是利用总量生产函数研究工业总量增长因素；第二是利用面板数据与行业超越对数生产函数，研究工业行业的增长因素；第三是利用拓展的钱纳里–塞尔奎因模型研究中国工业增长的资源再配置因素。对于总量生产函数，由于受样本数据的限制，本书采用了待估计参数较少的添加人力资本要素的 C-D 生产函数。工业行业增长因素则是采用了面板数据下的无任何强约束条件的超越对数生产函数，以捕捉行业之间的增长异质性。本书使用拓展的钱纳里–塞尔奎因模型不仅研究了资源再配置对工业全要素生产率增长的总效应，而且进一步分离出资本、劳动及人力资本的再配置效应。

第4章 中国工业总量增长因素分析
（1952～2007年）

　　无论是在艰难探索的计划经济时期，还是在创造经济增长奇迹的大变革年代，工业始终是最具活力的、引领中国经济前行的主要力量。在1952～1977年，以不变价表示的工业增加值的增长速度为13.1%，同期国内生产总值的增长率为6.48%，处于改革开放以来的1978～2007年，工业增加值增长速度为11.8%，同期国内生产总值的增长率为9.88%。[①]图4-1是中国不变价工业增加值和国内生产总值的增长率曲线，从中不难看出，工业生产的起起落落深刻地影响着整体经济的波动。可以说，理解中国经济的增长奇迹，洞悉未来经济增长的潜力和可持续性，关键在于工业。

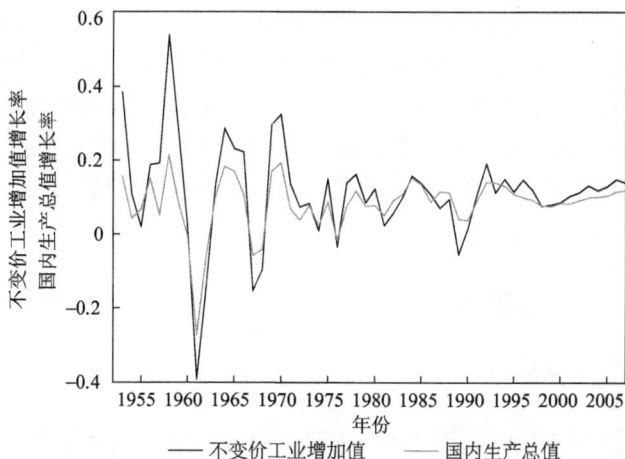

图4-1　不变价工业增加值与国内生产总值的增长率（1952～2007年）

　　那么，作为中国经济最活跃的产业部门，工业高增长的动力是什么？主要是投入高增长的结果，还是主要是技术进步的结果？本章在全面整理1952～2007年时间序列的投入产出数据基础上，从工业总量的角度，初步回答这些关键问题。

---

　　① 1952～1977年名义工业增加值和国内生产总值增长率数据来源于《中国国内生产总值核算历史资料1952—1995》，1978～2007年数据来源于《中国统计年鉴》（2008年卷）。名义工业增加值使用工业品出厂价格指数缩减到1990年表示的不变价（1952～1977年使用农村工业零售物价指数）。

4.1　数　据　处　理

"工业统计的主要问题之一是经济实体的变化比概念和方法的更新快"（Szirmai et al.，2002）。自 20 世纪 80 年代中国对工业领域进行全面改革以来，在经济生活中出现了诸如合营企业、私营企业、乡镇企业、外资企业与港澳台企业等新的企业组织。与此相对应，中国官方的统计资料中相继出现了一些新的概念和新的统计指标，原有统计指标的覆盖范围也在不断调整（Field，1992）。另外，中国的国民经济核算体系（system of national accounts，SNA）在 1993 年发生了一次大的改革，原计划经济体制下的物质产品平衡表体系（materia product balance system，MPS）变为国民经济核算体系（许宪春，2009）。这些变化导致一些指标的统计方法、统计口径、数据的覆盖范围及统计指标的含义也发生了较大的变化。因此，在长达 56 年的时间跨度内整理出统计口径一致、数据覆盖范围相同的工业投入产出数据是本章所要解决的第一个难题。

对于中国工业而言，数据处理主要涉及以下三方面问题：一是投入产出口径的统一问题；二是工业增加值平减指数的选择和计算；三是实际资本存量的估计。其中第一个问题最为关键，也最为困难。虽然少数学者（如香港理工大学的武晓鹰博士）对中国工业的投入产出数据进行过重新估计，但总的来说对工业投入产出数据口径统一问题并没有很好的解决。本书试图对这一问题的解决提供新的尝试，将 1952～2007 年工业的投入产出数据统一到全部工业的口径。这也是本书有别于其他类似文献的地方之一。

4.1.1　不变价工业增加值

1. 名义工业增加值

获取官方公布的工业产出数据的主要渠道是《中国统计年鉴》《中国工业经济统计年鉴》《中国工业交通能源 50 年统计资料汇编 1949—1999》。通过这三种统计资料可以获得若干不同时期工业产出的连续时间序列数据。另外，《中国国内生产总值核算历史资料 1952—1995》是在中国国民核算体系改革后对历史数据进行的一次重大补充（许宪春，2002），该部年鉴报告了 1952～1995 的年工业增加值数据。其他不具有时间连续性的工业产出统计资料包括《投入产出表》《全国工业普查资料汇编》《中国经济普查年鉴 2004》等。

在上述统计资料中，《中国统计年鉴》《中国工业经济统计年鉴》《中国工业交通能源 50 年统计资料汇编 1949—1999》虽然公布有连续时间序列的工业产出数据，但其统计口径与指标发生过多次改变，存在统计上的一致性问题。例如，1992 年以前这三种统计资料对工业产出的统计指标均为总产值与净产值，1993 年以后三种统计资料对工业产出的统计指标变为与国民经济核算体系相一致的增加值。统计口径则表现为数据的覆盖范围越来越小：1952～1984 年的统计口径为全部工业，1985～1997 年的统计口径为乡及乡以上独立核算工业企业，1998～2006 年的统计口径为全部国有及规模以上非国有工业企业，2007 年的统计口径又变更为规模以上工业企业。

对工业产出统计口径在时间序列上一致的是《中国国内生产总值核算历史资料 1952—1995》公布的工业增加值数据。作为国内生产总值的一个构成部分，其统计口径是全部工业。而且该部年鉴对工业历史增加值数据的补充核算是在工业净产值数据的基础上，通过扣除对非物质服务部门的支付，增加固定资产折旧得到的，其指标含义与 1993 年以后国民经济核算体系的工业增加值概念完全相同（《中国国内生产总值核算历史资料 1952—1995》第 1 页）。因此，本书以国内生产总值中公布的名义工业增加值数据作为工业产出数据，其中，1952～1995 年的数据来源于《中国国内生产总值核算历史资料 1952—1995》，1996～2007 年的数据来源于《中国统计年鉴》（1997～2008 年各卷）。

2. 缩减指数

目前，中国不变价工业增加值的核算采用单缩法，即利用隐含工业总产值价格指数缩减现价工业增加值。但大部分学者认为，由于以下两方面原因，这种隐含工业总产值价格指数对名义工业增加值缩减不够，从而会高估实际的工业产出。首先，规模较小的企业容易混淆现价与不变价。一些乡镇企业和村办企业的规模较小，管理水平和统计核算的基础较差，执行相对复杂的不变价制度比较困难，其中不少企业往往用现价代替不变价来计算工业总产值（Holz，2002；孟连和王小鲁，2000）。

其次，新产品带来的现价水分。根据不变价价格核算方法，只有在基年就已经存在的产品才具有不变价价格，而在基年之后出现的新产品则没有不变价，只能以其出现之时的现价代替不变价使用。当存在通货膨胀时，新产品的不变价工业总产值就会包含较大的现价水分。由于中国不变价每 10 年才更换一次，其间隔时间较长，并且自改革开放以来随着市场竞争的不断加剧，新产品的种类越来越多，出现频率越来越快，这就使在不变价工业总产值中由新产品导致的价格水分难以得到有效扣除，从而造成工业产出的虚增（许宪春，2001；任若恩，2002）。

认识到上述两方面问题，国家统计局于 1985 年开始编制独立的工业品出厂价格指数。同时，许多学者使用其他的价格指数代替隐含工业总产值价格指数对名义产出进行缩减。其中较有影响力的是香港理工大学的 Wu（2002），他利用 L 氏生产指数法重新估计了中国工业分行业及整体的增加值增长率。[①]他的研究结论

---

① 生产指数是不同种类工业品实物量增长速度的加权平均，以基期值为权重的生产指数被称为 L 氏生产指数。在 Wu（2002）的研究中，他是以基期工业品的价格为权重。

表明，1952～1997 年，工业的实际增长率约为 9.62%，而中国官方公布的数据为 11.76%，也就是说公布的工业增长率平均被高估了 2.14 个百分点。Maddison（2007）使用相同的核算方法将伍晓鹰的研究扩展到了 2003 年，他的研究结论表明，在 1978～2003 年，中国工业的增长速度为 9.8%。

　　表 4-1 是使用不同价格指数估算的工业增加值增长率。不难看出，使用隐含工业总产值价格指数的官方增长率数据高估了实际工业产出的增长速度。另外的一个发现是，使用工业品出厂价格指数计算出来的实际工业产出的增长速度小于使用生产指数法计算出来的实际工业产出的增长速度，产生这种差异的原因在于生产指数法的计算方法。L 氏生产指数有两个隐含的假定，一是投入和产出在所有时期内的价格都等于基期价格；二是增加值率（增加值与总产值之比）恒定。在其他条件不变的情况下，如果实际的增加值率下降，生产指数法将会高估增加值和增加值增长率。事实上，考察中国 1987 年、1992 年及 1995 年的投入产出表可知，工业增加值率由 1987 年的 0.344 下降到 1990 年的 0.305，再下降到 1992 年为 0.283，1995 年略有回升，为 0.287。也就是说，至少在 1987～1992 年，采用 L 氏生产指数法高估了实际产出增长速度（Wu，2002）。

表 4-1　使用不同价格指数核算的实际工业增加值增长率　　　　单位：%

作者	时期	对象	缩减指数	研究结论	官方数据
Szirmai 和	1980～1987 年	制造业	工业品出厂价格指数	7.6（9.6）	
Ruoen（1995）	1980～1987 年	全部工业	工业品出厂价格指数	7.4（9.5）	10.73
Young（2003）	1978～1998 年	非农产业部门	工业品出厂价格指数	8.1	10.6
	1952～1997 年		生产指数	9.62	11.76
Wu（2002）	1952～1978 年	全部工业	生产指数	10.31	11.46
	1978～1997 年		生产指数	8.69	11.99
Maddison（2007）	1978～2003 年	全部工业	生产指数	9.8	11.89[*]
	1952～1978 年		隐含工业总产值价格指数	13.26	13.26
本书的估算	1978～2007 年	全部工业	工业品出厂价格指数	10.4	11.76
	1978～1997 年		工业品出厂价格指数	9.83	12.14

资料来源：作者自己整理

注：括号中的数字为工业总产值增长率

*表示的数字为本书作者根据隐含工业总产值价格指数估算的不变价工业增加值增长率

　　除工业品出厂价格指数和生产指数外，其他可以作为工业产出价格指数使用的还包括农村工业品零售价格指数、居民消费物价指数等。图 4-2 给出了隐含工业总产值价格指数和工业品出厂价格指数与其他两种价格指数的对比。

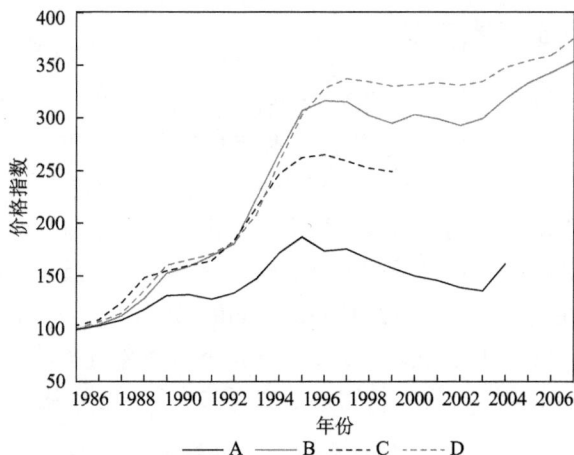

图 4-2　各种价格指数的趋势与比较（1985 年＝100）

资料来源：工业品出厂价格指数、农村工业品零售价格指数与居民消费物价指数来源于历年的《中国统计年鉴》；1985～1999 年的隐含工业总产值价格指数根据《中国工业经济统计年鉴 2008》第 21 页的工业总产值和工业总产值指数计算。2000～2004 年则是根据《中国统计年鉴》（2001～2005 年各卷）中现价工业总产值与相应的 1990 年不变价工业总产值计算

注：A 曲线表示隐含工业总产值价格指数；B 曲线为工业品出厂价格指数；C 曲线为农村工业品零售价格指数；D 曲线为居民消费物价指数

从图 4-2 可以看出，隐含工业总产值价格指数最小，居民消费物价指数最高，工业品出厂价格指数与农村工业品零售价格指数大小居中。更进一步分析发现，除隐含工业总产值价格指数外，其余三个价格指数的曲线在 1995 年以前几乎粘合在一起，说明这三个指数在 1985～1995 年的变化基本同步，自 1995 年以后，居民消费物价指数开始走高。1997 年以后，工业品出厂价格指数与居民消费物价指数的差距又基本保持稳定，而与隐含工业总产值价格指数的差距有扩大的趋势。与其他三个指数相比，隐含工业总产值价格指数对名义工业产出进行缩减会带来系统性误差。此外，在其他三个价格指数中工业品出厂价格指数能够相对准确地反映工业产品的价格变动状况，农村工业品零售价格指数仅限于农村地区，而居民消费物价指数涵盖的产品种类大多属于消费品类。因此，用工业品出厂价格指数代替隐含工业总产值价格指数，能够较好地反映工业产出的实际水平和增长率。

根据以上分析，本书使用工业品出厂价格指数对名义工业增加值进行缩减。需要说明的是，中国的工业品出厂价格指数从 1979 年开始统计，1952～1978 年的价格指数仍然选用官方的隐含工业总产值价格指数代替。利用这些价格指数将 1952～2007 年的名义工业增加值数据统一平减到 1990 年不变价工业增加值之中。

4.1.2　不变价固定资本存量

准确测量生产过程中的资本投入是经济学家和经济统计学家们面临的最困难任务（Hicks，1981）。资本投入是资本存量在单位时间内所提供的服务流（Jorgenson，1963）。在现实的经济生活中，直接测量资本的服务流存在困难，甚至是不可能的，因此，人们通常假设资本所提供的服务流与生产性资本存量成正比，通过测算生产性资本存量而间接代替资本服务流。当前，在国际上应用最为广泛的测算生产性资本存量的方法是 Goldsmith（1951）在 1951 年提出的永续盘存法。永续盘存法的基本思路是，首先，累积不同种类的新投资数量，然后，从中减去已经报废的旧资产，这样就得到了生产性资本存量，用公式表示为

$$K_t = I_t + (1 - \delta_t)K_{t-1} \qquad\qquad (4\text{-}1)$$

其中，K_t 为第 t 年的生产性资本存量，K_{t-1} 为第 $t-1$ 年的生产性资本存量，I_t 为第 t 年的净投资，δ_t 为第 t 年的重置率（而非折旧率）。

对中国工业资本存量的测算大多以永续盘存法为基础，同时又结合了中国对资本存量统计的实际情况。中国对资本存量的统计主要使用了固定资产原值和固定资产净值两个指标，另外还有流动资金指标。固定资产原值和固定资产净值是公司财务会计概念，前者是指工业企业在建造、购置、安装、改建、扩建、技术改造某项固定资产时实际支付的全部货币总额（《中国工业经济统计年鉴2008》第 389 页），后者是前者扣减历年累积折旧后的货币总额。可见，这里固定资产原值和固定资产净值的含义是指以历史购置价格所表示的价值。统计资料中对固定资产原值和固定资产净值的核算公式如下：

$$\text{OFA}_t = \text{OFA}_{t-1} + I_t - S_t \qquad\qquad (4\text{-}2)$$

$$\text{NFA}_t = \text{NFA}_{t-1} + I_t - d_t\text{OFA}_t - S_t \qquad\qquad (4\text{-}3)$$

其中，OFA_t、NFA_t 分别为第 t 期的固定资产原值和固定资产净值，I_t 为第 t 期通过投资而形成的新的固定资产（用现价表示），d_t 为折旧率，S_t 为被废弃的不再投入生产过程的固定资产。式（4-2）表明，相邻两期的固定资产原值之差等于现价净投资减去被废弃的固定资产，式（4-3）则表明，相邻两期的固定资产净值之差等于现价净投资扣减折旧基金和被废弃的固定资产。

流动资金指工业企业用于购买原材料、支付工资和其他生产费用的资金。在1993 年以前，流动资金主要包括定额流动资金和其他流动资金。在 1994 年以后，流动资金年末占用数为年末流动资产，包括现金及各种存款、短期投资、应收及预付款项、存货等（《中国工业交通能源 50 年统计资料汇编 1949—1999》第 295页）。汪向东（1996）认为，流动资金主要表现为存货，应该是资本投入的重要

组成部分。任若恩和刘晓生（1997）等学者同样认为，在测算资本投入时应该包括流动资金，他们同时指出，流动资金是流量，而固定资产原（净）值是存量，不能直接相加。但 Holz（2006）则认为，由于以下两方面原因，在测算中国的资本存量时，不应该包括存货（或流动资金）。一是中国的存货在价值上往往都是为了弥补投入多而产出不足的缺口，具有很大的虚假成分，数据不可靠；二是存货不进入生产过程，对产出的增长没有直接贡献。本书接受 Holz 的观点，在估算资本存量时不考虑流动资金（或存货）。

运用式（4-1）～式（4-3）核算固定资本存量，需要的数据包括初始资本存量、当年净投资、折旧率及被废弃的固定资产。在研究中，被废弃的固定资产由于缺乏数据统计且数量较小而被忽略。本书主要探讨其他三个变量的值。

1. 1952 年工业初始资本存量

对于 1952 年的工业固定资本存量，能够得到的只有全民所有制企业的固定资产原值和固定资产净值数据。由于缺乏更详细的资料，学者们对基期固定资本存量的估算只能是粗略的。所幸的是，在永续盘存法下，基期固定资本存量的估计误差对后续年份的影响逐年衰减，在折旧期满以后基期固定资本存量的估计误差对后续年份的影响变为零。因此，基年选择的越早，其对后续固定资本存量的影响也就越小（张军等，2004）。

已有的对 1952 年固定资本存量的估算中，最引人注意的是 Chow（1993）的研究，他利用 1952～1985 年国营企业、城镇集体企业、乡村集体企业和个体经济的固定资产与流动资产积累的年度数据，核算出全社会的固定资本存量为 582.76 亿元，其中工业的固定资本存量约为 158.8 亿元。Chow 关于中国 1952 年固定资本存量的估计数据被人们广泛应用（Wang and Yao, 2003；李治国和唐国兴, 2003）。本书用上海市的数据大体上验证了 Chow 对工业初始资本存量的估计。《上海统计年鉴 2001》上提供了 1952 年上海市工业经营性固定资产原值的年末数为 25.34 亿元，同期上海工业增加值占全国工业增加值的 15.2%，假设上海市工业增加值占全国的比例与固定资产占全国的比例相同，那么可以推算出全国工业资本存量大体上为 166.6 亿元，与 Chow 的估计结果相差不大。因此，本书使用 Chow 对 1952 年中国工业初始资本存量的估计结果，并将其换算到 1990 年不变价为 199.1 亿元。

2. 当年净投资

1）1952～1979 年的净投资

根据式（4-2），在不考虑被废弃的固定资产的情况下，相邻两年的固定资产原值之差就是当年净投资。《中国统计年鉴》《中国工业经济统计年鉴》《中国工业交通能源 50 年统计资料汇编 1949—1999》中都有公布工业企业固定资产原值指标。与对工业产出的统计一样，对固定资产原值的核算仍然存在统计口径的一致性问题。使问题变得更加复杂的是，即便是相同的统计口径和数据覆盖范围，不同统计资料提供的数据也可能不同（黄勇峰等，2002）。因此，固定资产原值需要根据多种来源的数据进行交叉比较才能确定其统计口径和数据的准确覆盖范围。

《中国工业经济统计年鉴 2008》第 22 页全国工业企业主要财务指标中提供了 1952～2007 年的固定资产原值数据。该序列数据涵盖了较长的时间范围，但其统计口径含混不清。本书用该序列数据与另外五组不同来源的数据进行相互比较，以确定其统计口径和数据的覆盖范围。

表 4-2 中第 II 列数据来源于《中国工业交通能源 50 年统计资料汇编 1949—1999》，该资料汇编明确指出 1978～1980 年及 1984 年固定资产原值的数据覆盖范围为全民所有制和集体所有制工业企业，1985 年和 1995 年其数据覆盖范围为乡及乡以上独立核算工业企业。第 III 列的数据来源是《1985 年工业普查资料》，其统计口径为乡及乡以上独立核算工业企业。第 IV 列数据来源于《1995 年全国第三次工业普查资料汇编》。1995 年工业普查数据的覆盖范围较为广泛，涵盖了国有企业、乡及乡以上集体所有制工业企业、大的外商投资企业、联营企业、股份制企业和私营企业的详细数据，而且是最可靠的工业统计数据来源。第 V 列数据来源于《中国经济普查年鉴 2004》年第一次全国经济普查，其报告的数据覆盖范围明确为规模以上工业企业。第 VI 数据来源于《中国工业经济统计资料（1949—1984）》，该序列数据的统计口径为全国独立核算工业企业。

表 4-2　不同来源的固定资产原值数据的比较

年份	中国工业经济统计年鉴（I）	工业交通能源统计资料汇编（II）	1985 年工业普查（III）	1995 年工业普查（IV）	2004 年全国经济普查（V）	中国工业经济统计资料（VI）
1978	3 477.6	3 477.6	—	—	—	3 477.6
1979	3 803.8	3 803.8	—	—	—	3 803.8
1980	4 134.0	4 126.8	4 153.71	—	—	4 134.0
1984	5 914.0	5 888.9	6 073.72	—	—	5 914.0
1985	6 685.9	6 925.57	6 925.57	—	—	—
1995	44 988.8	44 989	—	44 988.8	—	—
2004	125 761.9	—	—	—	125 761.9	—

资料来源：来源于《中国工业经济统计年鉴》《中国工业交通能源 50 年统计资料汇编 1949—1999》《1985 年工业普查资料》《1995 年全国第三次工业普查资料汇编》《中国经济普查年鉴 2004》《中国工业经济统计资料（1949～1984）》

　　根据表 4-2，在 1978～1980 年及 1984 年，第 I 列数据与第Ⅵ列数据完全相同，进一步比较发现这两个序列 1952～1977 年的数据也完全相同。因此，可以明确的一个结论是，在《中国工业经济统计年鉴》提供的序列数据中，1952～1984 年的统计口径为不包括附营工业生产单位的数据全国独立核算工业企业。

　　比较第 I 列与第 II 列的数据，其中，1978～1979 年的数据完全相同，而 1980年与 1984 年的第 I 列数据略微大于第 II 列数据。这样的结果也比较容易得到解释：在改革开放的前两年全国独立核算工业企业全部为公有制企业（即全民所有制与集体所有制工业企业），因此，这两种统计口径下的固定资产原值数据完全相同。在 1980 年以后开始出现少量的其他类型工业企业，例如，在《中国统计年鉴》（1986 年卷）第 233 页各种经济类型的工业企业单位数中，1980 年才开始出现的其他类型工业企业的个数为 0.04 万。显然，包括其他类型工业企业在内的全国独立核算工业企业的统计口径要大于单独的公有制企业的统计口径。因此，出现 1980 年和 1984 年的第 I 列数据略微大于第 II 列数据的情形。根据对第 I、II列数据与第Ⅵ列数据的交叉比较，本书的一个重要发现是，至少在 1979 年以前，除了不包括非独立核算的附营工业生产单位，《中国工业经济统计年鉴》中提供的固定资产原值数据覆盖了全部的工业企业。另外，由于附营工业生产单位的规模相对于独立核算工业企业来说很小，在没有相关的对附营工业生产单位统计的情况下，本书将《中国工业经济统计年鉴》中的 1952～1979 年的数据近似地作为工业的固定资产原值数据使用，这样的近似处理不会产生太大误差。[①]

　　比较第 I 列与第 III 列数据，1985 年全国工业普查提供的 1980 年、1984～1985年的乡及乡以上独立核算工业企业的固定资产原值数据大于《中国工业经济统计年鉴》中相应年份的值。这两列数据的统计口径基本一致，均包括了其他类型工业企业，而出现差异的主要原因可能是两列数据的来源不同，全国工业普查的数据来源更广泛一些。

　　在第 I 列数据中 1995 年与 2004 年的统计口径则比较明确，分别为乡及乡以上独立核算工业企业和规模以上工业企业。

　　通过对不同来源数据的比较，得到的结论是，1952～1979 年《中国工业经济统计年鉴》提供的固定资产原值数据可以近似看作是工业整体的统计口径，而在1980 年以后该序列数据的统计口径变窄，数据的覆盖范围也越来越小。

　　因此，利用式（4-2）和《中国工业经济统计年鉴》中的固定资产原值数据，可以计算出 1952～1979 年全部工业口径下的净投资数据。

---

　　① 根据《中国工业经济统计资料（1949—1984）》提供的数据，在 1980 年、1984 年和 1985 年，全国工业的净产值分别为 1688 亿元、2286 亿元、2831 亿元，而全国独立核算工业企业的净产值分别为 1648.35 亿元、2246.03亿元、2787.37 亿元。这些数据表明，附营工业生产单位的工业净产值占全国工业净产值的比例分别为 2.34%、1.75%、1.54%。

2）1980～1992 年净投资

在 1980 年以后中国没有统计全部工业口径下的固定资产原值数据，因而不能根据式（4-2）求得净投资。在这种情况下，有三个指标可以代替净投资。一是积累额（资本形成总额）；二是固定资产投资额；三是新增固定资产投资额。其中，固定资产投资不是替代当年净投资的合适指标。固定资产投资仅仅反映了固定资产投资的规模，大量的在建工程项目并没有形成新的生产能力，对生产也没有贡献，使用该指标会明显高估投入资本存量的水平，从而会低估技术进步率。

有学者用积累额（资本形成总额）指标替代当年净投资（张军扩，1991；Chow，1993；Hu and Khan，1997；Young，2003；Wang and Yao，2003；Liang and Yi，2005）。[①]按照国家统计局的解释，积累额（资本形成总额）是从国民收入（国内生产总值）使用额中扣减当年消费后的余额，其物质形态既包括新增加的固定资产（扣除固定资产损耗），同时又包括流动资产（大部分以存货的形式存在）。从定义中可以看出，在不考虑存货的情况下，固定资本形成总额是工业企业实际投入生产过程的固定资产，是代替当年净投资的一个合适指标。最早研究中国经济问题的华裔经济学家 Chow（1993）就使用固定资本形成总额估算了 1952～1985年中国工业的固定资本存量。但在使用该方法时需要设定不同所有制单位工业资本积累占全部资本积累的比例，而在现有的统计资料中仅有国有部门的数据。数据的可获得性限制了该方法的应用。

新增固定资产是已经建成、投入生产或交付使用的工程和达到固定资产标准的设备、工具、器具投资。显然，新增固定资产投资形成了新的生产能力，对产品的生产具有直接贡献，是替代当年净投资的一个恰当指标。工业新增固定资产的大部分数据均可以在统计资料中获得，因此，本书以该指标代替当年净投资指标。

在 1992 年以前中国的统计资料对全社会固定资产投资的分类方法是把基本建设投资、更新改造投资和其他固定资产投资一起归属在按所有制分类的全民所有制单位中，并将全社会固定资产投资分为如下六类：基本建设投资、更新改造投资、房地产开发投资、其他固定资产投资、城乡集体所有制单位投资、城乡个人固定资产投资。在对 1980～1992 年固定资产投资的统计中，我们仅能够获得这一时期基本建设和更新改造固定资产投资中的工业投资额及工业新增固定资产投资。对集体所有制单位的统计只有工业固定资产投资额及细分的农村集体单位工业投资和城镇集体单位工业投资数据，但是缺失相关的工业新增固定资产信息。对城乡个人固定资产投资的统计则是缺乏分类统计，不能获得有关个人工业投资的任何信息。另外，这一时期有关其他经济类型（包括个体、私营、联营经济、

---

① 在物质产品平衡表体系下的积累额改为国民经济核算体系下的资本形成总额。

股份制企业、外商投资企业与港澳台投资企业）的投资数据是缺失的。

国有经济的新增固定资产可以通过 1980～1992 年合并工业基本建设的新增固定资产和工业更新改造的固定资产得到。对于集体企业，分别根据城镇集体单位与农村集体单位的固定资产交付使用率，将工业投资调整到工业新增固定资产中。

联营经济、个体经济等其他经济类型的固定资产投资数据是在 1993 年以后才开始统计的。仔细比较 1993～1997 年其他经济工业总产值占全部工业总产值的比重与其他经济固定资产投资占全社会固定资产投资的比重，发现这两种比重的差距较小，而且两者的相关系数达到 0.974。因此，可以假设 1980～1992 年的其他经济工业总产值占全部工业总产值的比重与其他经济固定资产投资占全社会固定资产投资的比重相同，那么根据不包括其他经济固定资产投资的全社会固定资产投资数据和其他经济工业总产值就可以估算这一时期的其他经济固定资产投资数据。具体估算方法是，假设 1980～1992 年不包括其他经济固定资产投资的全社会固定资产投资为 φ，其他经济工业总产值占全社会工业总产值的比重为 μ，那么其他经济固定资产投资 i 满足式（4-4）：

$$\frac{i}{\varphi + i} = \mu \tag{4-4}$$

根据式（4-4），其他经济固定资产投资为 $i = (\varphi\mu)/(1 - \mu)$。

《中国固定资产投资统计年鉴》（1997 年卷）提供了联营经济、股份制经济、外商投资经济与港澳台投资经济等的固定资产投资统计数据及工业新增固定资产统计数据，本书根据这些数据核算其他经济工业新增固定资产占固定资产投资的比率，并使用该比率将 1980～1992 年的其他经济固定资产投资转换为工业新增固定资产。

对于城乡个体经济，本书假设个体经济当年的新增工业总产值与工业新增固定资产的比例和其他经济的比例相同，根据个体经济与其他经济当年的新增工业总产值，以及其他经济当年的新增固定资产数据，可以估算出个体经济工业新增固定资产。

这样，通过合并国有经济、集体经济、城乡个体经济、其他经济的新增固定资产，得到了 1980～1992 年全部工业口径下的净投资数据。

3）1993～2003 年净投资

从 1993 年开始，全社会固定资产投资按照经济类型分为国有经济、集体经济、联营经济、股份制经济、外商投资经济、港澳台经济及城乡个体经济等，按管理渠道将全社会固定资产投资分为基本建设投资、更新改造投资、房地产开发投资和其他投资。这里需要指出的是，按照管理渠道划分的四部分投资已经不是纯粹意义上的国有投资。例如，在《中国统计年鉴》（1995 年卷）的 1994 年与 1993年全社会固定资产投资统计表中明确指出，其他投资包括：①油田维护、开发和采掘采伐工业开拓延伸工程投资，用公路养路费进行的公路、桥梁改建和用简易建筑费建造的仓库；②集体经济、个体经济的固定资产投资；③联营经济、股份制经济、外商投资经济、港澳台投资经济及其他经济类型的企、事业单位建造和购置固定资产投资计划在 5 万元以上的，未列入基本建设和更新改造计划的项目投资。

在统计资料中可以分别获得这一时期基本建设投资与更新改造投资中的工业投资数据和工业新增固定资产数据，但无法获得其他投资中的有关工业投资的数据，因此也无从获得其他投资中的工业新增固定资产数据。在《中国统计年鉴》（2008 年卷）中公布了 2003～2007 年全社会工业固定资产投资数据，根据这一重要信息可以计算出 2003 年按照管理渠道划分的其他投资中的工业投资数据。[①]本书假设 2003 年其他投资中的工业投资的份额也适用于 1993～2002 年，据此可以计算出 1993～2003 年其他投资中的工业投资数据。然后根据工业基本建设投资交付使用率与工业更新改造投资交付使用率的平均值，估算这一时期工业其他投资形成的新增固定资产。最后，将按照管理渠道划分的三部分新增固定资产合并，就得到了 1993～2003 年全部工业口径下的工业净投资数据。

4）2004～2007 年净投资

自 2004 年以后，按管理渠道分类的基本建设投资及更新改造投资被按城乡分类的城镇和农村固定资产投资所取代。统计资料提供了这一时期全社会的工业固定资产投资数据、城镇工业固定资产投资数据及工业新增固定资产数据、农村工业固定资产投资数据，但缺少农村工业投资形成的工业新增固定资产数据。本书根据农村固定资产投资交付使用率，将农村工业投资转化为工业新增固定资产。将城镇工业固定资产投资和农村工业固定资产投资形成的工业新增固定资产合并，就得到了这一时期工业的净投资数据。

3. 固定资产投资价格指数

中国固定资产投资价格指数（分类）的编制始于 1994 年，实际公布的数据是从 1991 年开始，在此之前，该项数据无法得到。对于 1990 年以前的固定资产投资价格指数，现有的研究或者采用其他指数来代替，或者采用自己的方法来测算。贺菊煌（1992）利用积累指数代替固定资产投资价格指数来估算生产性资本和非

---

① 用 2003 年全部工业投资数据减去该年度基本建设工业投资与更新改造工业投资，余值即为其他投资中的工业投资数据。

生产性资本。Jefferson 等（1996，2000）对 1980～1988 年及 1989 年以后的年份分别采用机械设备行业的隐含固定资产投资价格指数和机器设备出厂价格指数来代替固定资产投资价格指数。王小鲁和樊纲（2000）、薛俊波等（2004）则直接使用国内生产总值平减指数来代替固定资产投资价格指数。李治国和唐国兴（2003）采用上海市 1991～2000 年隐含固定资产投资价格指数对同时期全国固定资产投资价格指数进行拟合，以得到 1978～1991 年的全国固定资产投资价格指数。张军等（2004）则直接用 1990 年以前的上海市隐含固定资产投资价格指数代替全国的固定资产投资价格指数。

在上述学者的研究中，贺菊煌的方法由于目前不再公布积累指数而不能继续使用。Jefferson 等学者的方法则低估了固定资产投资的价格膨胀水平（Woo et al.，1993，1994）。王小鲁等学者采用其他指数代替的方法，此类方法均带有某种偏差。在《中国国内生产总值历史核算资料（1952—1995）》中公布了 1952～1995 年中国的固定资本形成总额及资本形成总额指数。而根据张军等（2004），由固定资产形成总额及其指数可以得到隐含固定资产投资价格指数，具体的公式为

$$\gamma_t = \frac{A_t / p_t}{A_0} \qquad (4\text{-}5)$$

$$\gamma_t' = \frac{A_t / p_t'}{A_{t-1}} \qquad (4\text{-}6)$$

式（4-5）中 γ_t 表示以基期为 1 时的第 t 期的固定资本形成总额指数，A_t 表示当期价格的固定资本形成总额，p_t 表示基期为 1 时第 t 期的投资隐含平减指数，A_0 表示基年的固定资本形成总额（当期价格）。式（4-6）中 γ_t' 表示第 $t{-}1$ 期为 1 时第 t 期的固定资本形成总额指数，p_t' 表示第 $t{-}1$ 期为 1 时第 t 期投资隐含平减指数，A_{t-1} 表示第 $t{-}1$ 期的固定资本形成总额（当年价）。根据式（4-5）、式（4-6）两式可以得到全国口径的，分别以上年为基期和以 1990 年为基年的隐含固定资产投资价格指数。将 1990 年以前的隐含固定资产投资价格指数与其后国家统计局公布的价格指数相衔接，就得到了 1952～2007 年完整时间序列的固定资产投资价格指数。将这些时间序列价格指数转化到以 1990 年为基年时的时间序列价格指数中，并用这些指数序列平减各年净投资，就得到以 1990 年不变价表示的实际净投资数据。

4. 折旧率 δ_t 的确定

长期以来，中国工业的实际折旧率存在设备折旧年限过长、折旧率过低等问题（李念慈和施慧敏，1984）。而且固定资产净值对折旧的扣除完全是在税收制度意义下的做法，没有与资本品的相对效率相联系，不能反映固定资产在生产能

力上衰退的规律（岳希明和任若恩，2008）。《中国统计年鉴》公布的数据资料显示，在1952～1984年，工业的折旧率范围在3.7%～4.6%，而在20世纪60年代，美国工业的折旧率平均为8%（柳标和田椿生，1980）。过低的折旧率已经不能用于度量中国工业的资本存量（汪向东，1996）。因此，大部分学者均采用不同方法估计一个合理的折旧率。但在合理折旧率的选择上，学者们的分歧很大，在所采用的折旧率数据中，最小值有4%～5%（Chen et al.，1988b；Perkins，1998；王小鲁和樊钢，2000；Wang and Yao，2003），最大的有17%（黄勇峰等，2002），可以说差距悬殊。

　　根据任若恩和刘晓生（1997）、黄勇峰等（2002）等学者的研究，在永续盘存法中的δ_t应该是重置率而不是折旧率，重置率是指生产能力的维持或恢复，只有在资本品的相对效率按照几何方式递减时，折旧率和重置率才会相等（乔根森，2001）。为了与永续盘存法相一致，本书采用几何下降模式计量固定资本相对效率损失，具体公式为

$$d_t = (1 - \delta)^t \tag{4-7}$$

其中，d_t为资本品的相对效率；δ为重置率，其值与折旧率相等；t为时期。参照李京文等（1993）、黄勇峰等（2002）、张军等（2004）等的做法，利用残值率和资本品的寿命期来估计折旧率。

　　首先，以法定残值率（3%～5%）代替资本品的相对效率。本书取d_t为法定残值率的中间值4%，表示当资本品退役时，其效率为新资本品的4%。

　　其次，确定资本品的寿命期t。中国工业资本品主要由建筑物和机器设备组成，孟连（1982）估计中国全部工业固定资产的平均寿命期为24年，其中设备的寿命期为18年。黄勇峰等（2002）估计中国制造业建筑和设备的寿命期分别为40年及16年，相对应的经济折旧率分别为：建筑物为8%、设备为17%，这个数据普遍高于国际上通行的标准［佩恩表（Penn World Table 5.6）对机器设备的折旧率统一设定为15%，并对房屋建筑的折旧率设定为3.5%］。黄勇峰等学者的研究结论与Bu（2006）的相似，后者的研究表明发展中国家的折旧率普遍的高于工业化发达国家。本书使用国际上通行的折旧率标准，也即工业机器设备的折旧率为15%，建筑物的折旧率为3.5%。

　　最后，为了得到一个复合折旧率，还需要工业固定资本存量中的建筑物与机器设备的比重数据。柳标和田椿生（1980）估计出中国工业房屋建筑物占固定资产总额的37%，机器设备部分占固定资产总额的63%。在当前没有工业固定资本更详细分类资料的情况下，本书以这个比例来估算工业固定资本存量的复合折旧率，其值为13.67%。

5. 对固定资本存量估计的不同结果比较

表 4-3 是不同学者对中国工业固定资本存量估计的比较，由于基年不同，本书只对固定资本存量的平均增长率进行比较。

表 4-3　中国工业固定资本存量平均增长率

作者	时期	样本	平均增长率/%
Chow（1993）	1952～1985 年	全部工业	12.6
Jefferson 等（1996）	1980～1992 年	国营企业	7
	1980～1992 年	集体工业企业	10.8
Chen 等（1988b）	1952～1985 年	国营工业企业	10.61
黄勇峰等（2002）	1978～1995 年	制造业	5.99
Wang 和 Szirmai（2008）	1978～2003 年	全部工业	9.65
本书	1952～2007 年	全部工业	12.1
	1952～1977 年		9.51
	1978～2007 年		14.3
	1952～1985 年		9.2
	1978～2003 年		13.2

资料来源：作者自己整理

根据表 4-3 中本书的估计结果，在 1952～2007 年，中国工业资本存量平均增长率为 12.1%。其中，1952～1977 年的平均增长率为 9.51%，1978～2007 年的平均增长率为 14.3%。与改革开放以前相比，改革开放以后的平均增长率多出 4.79 个百分点。

与 Chow 核算的 1952～1985 年的资本存量相比，本书对全部工业资本存量的平均增长率的估算要低 3.4 个百分点，这应该是一个比较大的差距。产生差异的主要原因是核算方法不同。Chow 根据从国家统计局的数据得到了 1952～1985 年国营单位、城镇集体单位、乡村集体单位及个体企业的固定资产积累数据，并按照一定比例将其换算为工业固定资产积累数据。但该文献将全部固定资产积累转换到工业固定资产积累的比例则完全是作者自己的估计，而且该比例在整个核算期间是个常数，这有可能造成估计上的较大误差，如 Chen 等对相同时期国营工业固定资本存量增长率的核算也较 Chow 的低 1.99 个百分点。

与 Wang 和 Szirmai 对 1978～2003 年全部工业资本存量的平均增长率估算相比，本书估计的平均增长率高出 3.55 个百分点。与本书的处理相同，前者也是用新增固定资产作为净投资数据，但他们对全部工业的估算不包括非生产性固定资本，而本书没有作进一步区分。

4.1.3　劳动投入

1952～1994 年全部工业口径下的劳动力投入数据来源于《中国劳动统计年鉴》（1995 年卷）第 10 页的工业从业人员年末人数。1995～2002 年将采矿业，制造业，电力、热力的生产和供应业，燃气生产和供应业，以及水的生产和供应业的劳动投入数据合并即可得到全部工业口径下的劳动投入数据。三个产业部门劳动投入数据来源于《中国劳动统计年鉴》（2008 年卷）分行业就业人员年末人数。

将《中国劳动统计年鉴》1995 年卷与 2008 年卷重合年份的工业分行业从业人员年末人数与工业分行业就业人员年末人数进行对比，发现两者完全相同。进一步比较这两个劳动投入指标的数据覆盖范围，在《中国劳动统计年鉴》1995 年卷对统计指标的解释中清楚地表明，其从业人员的数据覆盖范围包括全民所有制与集体所有制（包括非独立核算的工业企业）的职工人数、城镇个体劳动者、农村集体和个体劳动者。显然，它是覆盖工业劳动力人数范围最全面的文献。

《中国劳动统计年鉴》（2008 年卷）将就业人员定义为从事一定社会劳动并取得劳动报酬或经营收入的人员。就业人员包括了职工、再就业的离退休人员、私营业主、个体户主、私营企业和个体就业人员、乡镇企业就业人员、农村就业人员、其他就业人员（包括现役军人）。而职工的概念为在国有、城镇集体、联营、股份制、外商和港澳台投资、其他单位及其附属机构工作，并由其支付工资的各类人员。其明确表明，职工的统计口径不包括乡镇企业就业人员、私营企业就业人员、城镇个体劳动者、离退休退职人员、再就业的离退休人员、民办教师、在城镇单位中工作的外方及港澳台人员等。显然，就业人员的数据覆盖范围要大于职工的数据覆盖范围，而该范围和《中国劳动统计年鉴》（1995 年卷）中的关于从业人员的数据覆盖范围相一致，而且这两列数据是来自同一个数据源。

2003～2007 年缺失对分行业劳动投入的统计。《中国劳动统计年鉴》（2008 年卷）提供了这一时期第二产业的就业人员年末人数，本书根据 2002 年工业就业人员年末人数占全部第二产业的就业人员年末人数比例，估算出 2003～2007 年的工业劳动投入数据。

最后，将相邻两年的年末人数简单平均，得到当年工业劳动投入的平均人数。

4.1.4　人力资本存量

目前尚没有权威的关于人力资本存量的计量方法。由于教育和经济增长具有正相关关系（Kyriacou，1991），所以国内外学者大多采用教育指标来反映一国的人力资本存量水平。本书同样以劳动力的平均受教育程度来表示我国工业的人力资本存量水平。在我国现有的统计数据中，除 1995 年工业普查资料和 2004 年全国第一次经济普查对工业从业人员的受教育水平有统计外，其余年份均没有进行相关统计。

对于 1985～2007 年工业人力资本存量,本书使用第 5 章工业行业人力资本存量的加权平均值表示,其中权重为行业劳动力占工业总劳动力的比重。

对于 1952～1984 年的工业人力资本存量,本书假设工业行业人力资本存量和全国劳动人口的人力资本存量具有相同的增长率水平。基于此,首先,根据 Wang 和 Yao（2003）提供的全国劳动人口的人力资本存量计算 1952～1984 年各年的增长率,然后,根据已经得到的 1985 年工业人力资本存量,由后向前逐一计算出 1952～1984 年各年的工业行业人力资本存量。

图 4-3 是本书整理的全部工业口径下以 1990 年不变价表示的工业增加值、资本投入及劳动投入数据。

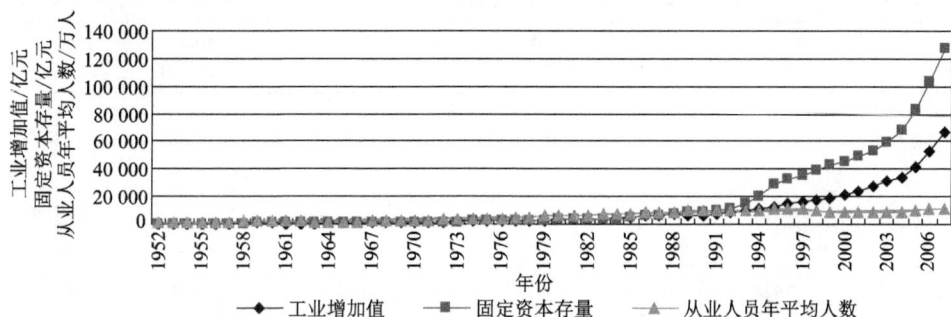

图 4-3　1952～2007 年不变价工业增加值、资本投入和劳动投入

4.2　资本生产率

根据上文获得的投入产出数据,我国 1952～2007 年资本生产率（单位资本产出）的年均增长率约为 0.6%。图 4-4 是描述了资本生产率的动态变化。从图中可以发现,我国工业的资本生产率波动幅度较大,先后经历了三个波峰和三个波谷：其中,1952～1957 年、1963～1970 年、1977～1985 年与 1996～2007 年的资本生产率呈上升趋势,1958～1962 年、1971～1976 年和 1986～1995 年的资本生产率呈下降趋势,波峰及波谷分别出现在 1958 年、1970 年、1985 年和 1962 年、1976 年、1995 年。

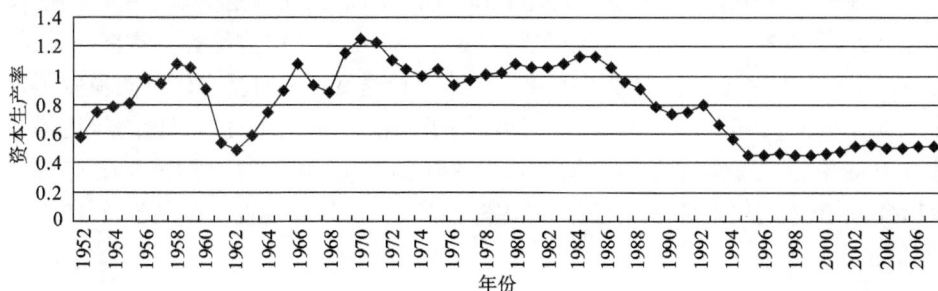

图 4-4　我国工业的资本生产率（1952～2007 年）

资本生产率的下降趋势意味着工业固定资本存量的增长速度大于工业增加值的增长速度，这种情况被认为发生了过度投资（张军，2002）。我国不同历史时期工业固定资本存量、工业增加值及资本生产率的年均增长率见表 4-4。1953～1957 年是我国第一个五年计划时期。在苏联等国家的大力援助下，这一时期我国建成了一大批重要工程，工业实际新增固定资本 310.43 亿元。在 1952～1957 年工业固定资本存量年均增长率为 12.8%，而在同一时期工业增加值的年均增长率为 25.8%，资本生产率的年均增长率达到 11.8%，这一时期为中华人民共和国成立后资本生产率增长最快的时期。[①]

表 4-4　我国不同历史时期工业固定资本存量、工业增加值与资本生产率的年均增长率

	1952～1957 年	1958～1962 年	1963～1970 年	1971～1976 年	1977～1985 年	1986～1995 年	1996～2007 年
工业固定资本存量年均增长率	0.128	0.178	0.02	0.142	0.085	0.194	0.154
工业增加值年均增长率	0.258	0.073	0.133	0.111	0.096	0.096	0.145
资本生产率年均增长率	0.118	−0.106	0.113	−0.028	0.011	−0.098	0.009

资料来源：作者整理计算

1958～1962 年是我国的"二五"计划时期。其中，在 1958～1960 年工业固定资本存量增长率分别高达 34.9%、31.5%和 23.5%，工业产出增长率大起大落，工业增加值的增速分别为 53.4%、29.1%和 6.1%，资本生产率大幅波动。1961 年、1962 年连续两年出现了国民经济大倒退现象，这两年工业固定资本存量增长率分别为 2.61%和−3.4%，但工业增加值减少得更多，分别为−39%和−13.3%。从总体上看，"二五"计划期间工业固定资本存量的年均增速为 17.8%，而工业增加值的年均增长率为 7.3%，整个"二五"计划时期资本生产率年均增长率为−10.6%。这一时期大量投资蕴含的潜在生产能力没有完全发挥出来。

1963～1970 年工业增加值年均增长率为 13.3%，工业固定资本存量年均增长率为 2%，资本生产率的年均增长率为 11.3%。1961 年开始实施的"调整、巩固、充实、提高"八字方针，放慢了工业生产的增长速度，并对基本建设规模做了较大压缩。1963～1965 年是国民经济三年调整时期，工业固定资本存量的年均增长率为−0.89%，但工业增加值的年均增长率达到 21.6%，为历史最高水平。在 1966～1970 年，由于"文化大革命"对生产秩序的破坏，产出增长速度下降到年均 13.7%，

———

[①] 如无特殊说明，本书中的数据皆指以 1990 年数据为不变价数据。

工业固定资本存量年均增长率为 4.8%，资本生产率的年均增长率为 8.9%。这一时期投资效率的提升一方面是由于在"大跃进"期间积累的工业固定资产投资所蕴含的生产能力得到了释放，另一方面可能源于当时落后生产力的"后发优势"，进而导致工业生产技术和生产效率的大幅度提升。

1971～1976 年工业增加值年均增长率为 11.1%，但工业固定资本存量的年均增长率为 14.2%，这一时期的资本生产率年均增长率为–2.8%。其中，"四五"计划时期（1971～1975 年）的投资率高达 20.6%，但由于建设周期延长，投资效率较低，"四五"计划时期的工业固定资本存量年均增长率仅为 9.1%。工业产出大起大落，1970 年不变价工业增加值年均增长率高达 35.2%，最低的 1976 年不变价工业增加值年均增长率为–3.1%。由于投资效率低下，这一时期资本生产率曲线呈缓慢下降趋势，由固定资产投资所带来的生产潜力被大量浪费。

1977～1985 年工业增加值年均增长率为 9.6%，工业固定资本存量的年均增长率为 8.5%，资本生产率的年均增长率为 1.1%。由于"文化大革命"时期的高投资率是以压缩人民的消费水平来实现的，与此同时工业内部投资比例失调严重。党的十一届三中全会提出了压缩基本建设战线，降低工业生产速度，并下决心改善人们生活的方针，并对过去近 20 年所造成的积累消费扭曲和工业结构扭曲进行了调整。这一时期的工业固定资本存量增速处于较低水平，而工业增加值则保持了较高的增长速度。特别是在 1983～1985 年，工业增加值的增长速度分别达到 10%、15.8% 和 18.2% 的高水平，并一度引发了人们关于这一阶段工业增长速度是否过快的争论（周叔莲，1984）。这一阶段投资效率的改善一方面是由于工业产出在结束"文化大革命"之后的恢复性增长，另一方面是源于制度改革所带来的工业企业生产效率提高。

在 1986～1995 年工业增加值的年均增长率为 9.6%，但工业固定资本存量年均增长速度高达 19.4%，资本生产率年均增长率为–9.8%。在经历前期的工业高增长后，1986～1988 年工业增加值的增长速度从高位回落，这三年的工业增加值年均增长率为 7%，但工业固定资本存量增长率则提高到年均 17.8% 的水平，这造成资本生产率以每年 10.8% 的速率恶化。1989 年实行的财政、信贷双紧政策使得过热的投资得到有效控制，工业固定资本存量增速降为 8.9%，在 1990 年其进一步下降为 8.5%。工业增加值增速下降幅度更大，1989 年其为–5.4%，1990 年略有回升，但工业增加值年均增长率仅为 1.6%，这两年资本生产率年均增速为–10.6%。1993～1995 年又出现新一轮的投资过热，资本生产率在 1991 年经历短暂回升后，又从 1992 年开始下降，在 1995 年达到这一阶段的一个低点。这一时期与资本投入高增长相对应的是工业产出的低增长，其表现出典型的粗放型增长特征。

1996～2007 年的工业资本生产率基本保持稳定，略有增长。期间工业增加值年均增长率为 14.5%，而工业固定资本存量年均增长率为 15.4%。这一时期工业增长的一个显著特点是：在工业经济保持高增长率的同时，增长的波动性也是自建国以来最小的，经济的运行由大起大落转变为快速平稳（刘树成和张晓晶，2007）。在固定资产投资方面，自 1993 年 7 月开始，经过三年的紧缩性调控，1996年的工业固定资本存量增速下降到 13.6%，在此后的 6 年时间里（1997~2002 年），资本存量增速始终保持在个位数。但在 2003~2007 年又出现了局部投资过热的现象，特别是在 2005 年以后工业固定资本存量增速均超过 20%。与 1986~1995 年相比，这一时期工业固定资本存量增速与工业产出增速基本保持一致，初步扭转了前一阶段的粗放型增长。

表 4-5 中的最后一列是中国与其他国家资本生产率的比较。数据显示，我国的资本生产率水平大大低于美国、德国、日本、法国等发达国家的资本生产率水平。2002 年美国平均每增加 1 美元的固定资产净投资能带来 12.9 美元的工业增加值产出，而我国在 2004 年每增加 1 元的固定资产净投资仅能带来 3.52 元的工业增加值产出，美国的资本生产率是我国的 3.66 倍。同处亚洲地区的日本的资本生产率是我国的 2.9 倍。

表 4-5　资本生产率和劳动生产率的国际比较

国家	年份	劳动生产率/（美元/人）	资本生产率
中国	2004	7 264.5	3.52[*]
美国	2002	116 751.7	12.9
德国	2003	79 206.6	8.2
法国	2003	73 229.4	7.16
日本	2002	118 552.8	10.23
俄罗斯	2004	9 596.2	—
韩国	1999	72 567.7	4.17
印度	2003	6 947.2	4.3
印度尼西亚	2003	9 032.5	0.24
马来西亚	2003	21 523.7	0.67
泰国	2000	7 672.4	4.56
新加坡	2003	62 156.0	5.46

资料来源：根据《国际统计年鉴》2008 年卷、2000 年卷提供的数据计算得到。表中数据的统计口径为制造业，且均为当年价，并按照相应年份年底的汇率水平将各国的不同货币换算到美元

*中国的资本生产率数据为作者根据本书整理数据计算得到

在发展中国家中，我国的资本生产率仅高于印度尼西亚和马来西亚的资本生产率水平，但低于韩国、印度、泰国和新加坡的资本生产率水平。过低的资本生产率一方面反映了我国的生产率水平较低，另一方面也反映了我国工业产出增长

的资本推动型增长方式——要实现产出的持续增长，就必须要付出比其他国家更多的资本投入。

4.3　劳动生产率

4.3.1　劳动生产率的增长趋势

图 4-5 是以工业增加值表示的劳动生产率。图中显示 1952～2007 年劳动生产率的变动趋势可以划分为 1952～1990 年和 1990～2007 年两个大的阶段。在前一个阶段劳动生产率缓慢上升，劳动生产率的平均增长速度为 5.5%。1990 年以后上升趋势开始加速，劳动生产率曲线变得更加陡峭，其平均增长速度也提高到 13.1%。

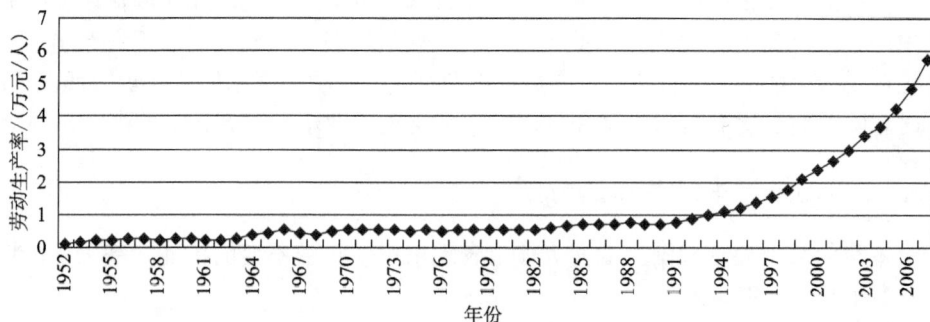

图 4-5　我国的劳动生产率（1952～2007 年）

更进一步分析，将图 4-5 中 1952～2007 年的劳动生产率曲线又可以划分为六个小阶段，1952～1957 年、1962～1970 年及 1983～1988 年为缓慢上升阶段，1958～1961 年为下降阶段，在 1971～1982 年没有明显的上升或下降趋势，劳动生产率曲线表现为水平线。经过 1989 年和 1990 年的短暂下降后（不算作小阶段），1991～2007 年为劳动生产率的加速上升阶段。表 4-6 分别为这六个子阶段的劳动投入增长率和工业增加值增长率的比较。

表 4-6　不同阶段的生产性劳动投入与工业增加值增长率的比较　单位：%

	1952～1957 年	1958～1961 年	1962～1970 年	1971～1982 年	1983～1990 年	1991～2007 年
劳动投入年均增长率	2.3	19.5	-1.1	9.3	4.3	1.1
工业增加值年均增长率	20.3	12.2	8.1	10.6	7.7	13.7
劳动生产率年均增长率	17.58	-2.37	8.98	1.16	3.4	12.6

资料来源：作者自己整理计算

在表 4-6 中，第二阶段（1958～1961 年）的劳动投入的高增长是因为 1958 年的工业劳动投入从 1957 年的 1395 万人增加到 2905 万人所致。该年度的劳动投入增长了 108%，工业增加值增长率也达到了历史最高水平，为 53.4%。总的来看，这一阶段的劳动生产率为负增长。在 1971～1982 年劳动生产率的表现较为平稳，劳动投入和工业增加值的增长率差距不大，这一时期劳动生产率的年均增长率为 1.16%。

表 4-5 是我国劳动生产率同其他国家劳动生产率的比较。表 4-5 的数据显示，日本的劳动生产率最高，达到 11.86 万美元/人，其次是美国，为 11.68 万美元/人。中国的劳动生产率为 0.73 万美元/人，仅为日本的 6.2%，大大低于发达国家水平。

在发展中国家中，劳动生产率最高的是韩国，为 7.26 万美元/人，其次是新加坡（6.22 万美元/人）和马来西亚（2.15 万美元/人）。我国的劳动生产率不但低于这三个新型工业化国家的劳动生产率，而且低于俄罗斯、泰国及印度尼西亚的劳动生产率，仅高于印度的劳动生产率。这些数据表明，虽然我国的工业产出水平在绝对规模上较高，增长速度也高居世界前列，但劳动生产率仍然处于较低水平，同时意味着通过提高技术水平和生产效率来推动工业增长还有较大的潜力。

4.3.2　劳动生产率增长率的分解

本章的数据显示我国工业在大体上表现出规模收益不变的特征。基于此，将式（3-10）进一步写为

$$\dot{Y} - \dot{L} = \dot{A} + \alpha_k(\dot{K} - \dot{L}) + (1 - \alpha_k)\dot{H} \tag{4-8}$$

其中，α_k 为经过正规化后的资本产出弹性。式（4-8）表明，劳动生产率的增长率被分解为三部分：全要素生产率增长率、资本深化率及人力资本存量的提高。记 X 为以工业增加值表示的劳动生产率，即单位劳动投入的工业增加值；k 为以单位劳动结合的资本数量（也即资本深化）表示劳动生产率。劳动生产率的增长率用公式表示为

$$g(X) = g(A) + \alpha_k g(k) + (1 - \alpha_k)g(H) \tag{4-9}$$

其中，$g(\cdot)$ 为变量的增长率。借助于本部分的全要素生产率增长率数据就可以计算劳动生产率增长的源泉。结果见表 4-7。

表 4-7　劳动生产率增长各要素贡献度

阶段	劳动生产率年均增长率	资本深化年均增长率	人力资本存量年均增长率	要素贡献度/%		
				技术进步	资本深化	人力资本
1952～1977 年	0.072	0.0421	0.0530	35.32	42.18	22.50
1978～2007 年	0.084	0.1085	0.0187	30.66	57.73	11.61
1952～1957 年	0.176	0.0602	0.0468	68.18	23.94	7.88

续表

阶段	劳动生产率年均增长率	资本深化年均增长率	人力资本存量年均增长率	要素贡献度/%		
				技术进步	资本深化	人力资本
1958～1961年	−0.057	0.0884	0.0704	—	—	—
1962～1970年	0.134	0.0225	0.0397	79.41	11.78	8.81
1971～1982年	−0.003	0.0110	0.0646	—	—	—
1983～1990年	0.035	0.0812	0.0125	−23.56	103.72	19.83
1991～2007年	0.131	0.1570	0.0081	43.38	53.21	3.42

资料来源：投入产出数据作者自己整理计算得到

注：其中，由于1957～1961年、1970～1982年的劳动生产率增长率为负值，没有计算这两个时期劳动生产率的要素贡献度

表4-7显示，在1952～1977年我国工业劳动生产率的年均增长率为7.2%，其中，技术进步的贡献度为35.32%，资本深化的贡献度为42.18%，劳动者素质提高（人力资本）的贡献度为22.5%。在两个阶段（1952～1957年和1962～1970年）中，技术进步对劳动生产率增长发挥了第一重要作用，其对劳动生产率增长的贡献度均超过68%，资本深化和人力资本对劳动生产率发挥的作用较小。

在1978～2007年劳动生产率增长率平均为8.4%，其中，全要素生产率的贡献度为30.66%，资本深化的贡献度为57.73%，人力资本的贡献度为11.61%。这表明这一阶段劳动生产率的增长主要依靠资本深化。在1983～1990年劳动生产率增长速度较慢，年均增长率为3.5%，劳动生产率增长的主要推动力是资本深化，其贡献度达到103.7%，人力资本的贡献度为19.83%，而全要素生产率的贡献度为−23.56%。在1991～2007年劳动生产率增长率为13.1%，其中，全要素生产率的贡献度提高到43.38%，资本深化的贡献度降低到53.21%，人力资本的贡献度下降到3.42%。

上述结果表明，各因素对劳动生产率增长的贡献度因时间而异。从总体上来看，处于改革开放以前的1952～1957年和1962～1970年，以及在1991～2007年技术进步对推动劳动生产率的增长发挥了重要作用，而在其他阶段劳动生产率的增长主要是源于单位劳动结合的资本数量的增加。

4.4 资本产出弹性与工业总量全要素生产率增长率

4.4.1 估计方法

利用式（3-10）核算中国工业总量增长因素的关键在于确定全要素生产率增长率、资本和有效劳动投入的产出弹性、α及β的参数值。在增长核算分析中，有三种方法被用于确定要素产出弹性：收入份额法、参数估计法和隐性变量法。收入份

额法假定企业在利润最大化条件下根据边际法则选择要素投入，在这种方式下，要素产出弹性等于其在收入中所占的份额。这种方法的优点在于方法简单、数据易得、各参数的理论含义明确。但这种方法用于研究我国的实际问题时受到很大限制，例如，在很长一段时间（尤其是改革开放以前）里，中国的要素完全根据政府计划配置，要素价格也完全处于政府管理之下。因此，中国的经济运行环境不符合收入份额法的基本条件。另外，在数据的可获得性上，中国缺乏有关资本报酬的数据，这也影响了该方法的使用。当前对中国的研究通常采用参数估计法直接估算总量生产函数。

参数估计法需要事先设定具体的总量生产函数，然后利用计量回归分析法确定要素的产出弹性。采用回归方法估算总量生产函数要素的产出弹性，其精确性取决于回归方程的设定，尤其是技术水平变量的设定。对于技术水平的设定，目前有三种不同的方法。第一种是大多数学者用时间趋势项代替技术水平（Chow and Li，2002）。时间趋势项的函数形式直接影响各参数的估计结果，而且这种设定带有很大的主观性。第二种是在回归方程中不考虑技术水平。但将产出对投入要素做回归，会对要素产出弹性的估计结果带来向上的偏误（Solow，1957）。

第三种是隐性变量法。这种方法的基本思路是将技术水平作为一个未被观测的隐性变量，借助于状态空间模型（state space model，SSM）和卡尔曼滤波（Kalman filter）算法，利用极大似然估计法得到各投入要素的产出弹性与全要素生产率增长率的值。这种方法的优势在于：首先，与传统方法将全要素生产率作为残差不同，隐性变量法将全要素生产率作为一个独立的状态变量，将全要素生产率从残差中分离出来，剔除了数据误差对全要素生产率的影响；其次，与最小二乘法相比，卡尔曼滤波算法在处理多重共线性方面具有优势（Watson and Augustine，1983）；最后，在具体估算时，这种方法充分地考虑了数据非平稳性带来的伪回归问题，提高了估计结果的稳健性和精确性。

基于以上分析，本书采用隐性变量法。由于产出、资本和有效劳动的数据通常存在单位根，而且三者之间不存在协整关系，所以利用各变量的一阶差分形式建立回归方程。用全要素生产率（用 TFP 表示）代替技术系数（用 A 表示），将式（3-10）写成差分形式：

$$\Delta \ln Y_t = \Delta \ln \text{TFP}_t + \alpha \Delta \ln K_t + \beta \Delta \ln(H_t L_t) + \varepsilon_t \qquad (4\text{-}10)$$

式（4-10）又称为量测方程。$\Delta \ln \text{TFP}_t$ 为隐性变量，表示全要素生产率增长率。假设隐性变量服从一阶自回归（auto regressive，AR（1））过程，则状态方程为

$$\Delta \ln \text{TFP}_t = \rho \Delta \ln \text{TFP}_{t-1} + \zeta_t \qquad (4\text{-}11)$$

其中，ρ 为自回归系数，满足 $|\rho| < 1$；ζ_t 为白噪声。式（4-10）与式（4-11）就是本书所建立的状态空间模型，利用卡尔曼滤波算法和极大似然估计法可以同时估算出量测方程及状态方程。

4.4.2　实证结果及分析

在具体实证分析时，为了反映改革开放的制度变革对要素产出弹性的影响，本书将 1952～2007 年划分为两个阶段：1952～1977 年和 1978～2007 年。在进行回归分析前，首先对变量进行平稳性检验和协整检验。

1. 单位根检验及协整检验

为了避免出现伪回归，首先对时间序列 $\ln Y_t$、$\ln K_t$、$\ln(L_t H_t)$ 的平稳性采用 ADF 检验。先对变量的水平值进行检验，检验结果见表 4-8。

表 4-8　对变量水平值的单位根检验结果

变量	时间	ADF	1%临界值	5%临界值	10%临界值	麦金龙 P 值
$\ln Y_t$	1952～1977 年	−1.4968	−2.6326	−2.9862	−3.7241	0.5187
	1978～2007 年	1.8650	−3.6892	−2.9719	−2.6251	0.9996
$\ln K_t$	1952～1977 年	−1.2086	−2.6355	−2.9919	−3.7379	0.6534
	1978～2007 年	0.3007	−2.6251	−2.9719	−3.6892	0.9741
$\ln(L_t H_t)$	1952～1977 年	−0.2047	−2.6326	−2.9862	−3.7241	0.9258
	1978～2007 年	−0.6970	−2.6251	−2.9719	−3.6891	0.8317

资料来源：本书计算

注：虚拟假设为存在单位根，即该时间序列为非平稳序列。ADF 检验变量滞后阶数的选择依据施瓦茨准则

由表 4-8 的检验结果可以看出，在两个阶段各变量水平值的 ADF 统计量的绝对值均小于临界值，p 统计量也显著不等于零。因此，接受虚拟假设，即各变量是包含单位根的非平稳序列。

表 4-9 是对各变量一阶差分进行单位根检验的结果。

表 4-9　对变量一阶差分单位根检验的结果

变量	时间	ADF	10%临界值	5%临界值	1%临界值	麦金龙 P 值
$\ln Y_t$	1952～1977 年	−3.9292	−2.6422	−3.0049	−3.7696	0.0070
	1978～2007 年	−3.7868	−3.2253	−3.5806	−4.3240	0.0326
$\ln K_t$	1952～1977 年	−2.6355	−2.6388	−2.9981	−3.7529	0.1006
	1978～2007 年	−3.6772	−2.6299	−2.9810	−3.7115	0.0108
$\ln(L_t H_t)$	1952～1977 年	−4.1887	−2.6355	−2.9918	−3.7379	0.0035
	1978～2007 年	−2.7512	−2.6251	−2.9719	−3.6892	0.0783

资料来源：本书计算

注：虚拟假设为存在单位根，即时间序列为非平稳序列。ADF 检验变量滞后阶数的选择依据施瓦茨准则

由表 4-9 的检验结果可以看出，除 1952～2007 年 $\ln K_t$ 的一阶差分的 ADF 绝对值稍小于 10%的临界值外，其余变量一阶差分的 ADF 值的绝对值均大于 10%临界值。因此，拒绝虚拟假设。可以认定 $\ln Y_t$、$\ln K_t$、$\ln(L_t H_t)$ 均为 I（1）序列。

然后，对 $\ln Y_t$、$\ln K_t$、$\ln(L_t H_t)$ 进行 Johanson and Juselius 协整检验。检验结果见表 4-10。

表 4-10　Johanson and Juselius 协整检验（取 5%临界值）

时间	原假设无协整关系	特征值	似然比	迹统计量	临界值
1952～1977 年	—	0.7528	74.5989	44.3123	42.9152
1978～2007 年	—	0.7162	171.7788	58.1867	42.9152

资料来源：本书计算

注：迹统计量的虚拟假设为变量之间不存在协整关系

根据表 4-10，两个阶段迹统计量（trace statistic）均大于 5%临界值，因此，有 95%的概率确定 $\ln Y_t$、$\ln K_t$、$\ln(L_t H_t)$ 之间存在协整关系。

2. 计量分析结果

$\ln Y_t$、$\ln K_t$、$\ln(L_t H_t)$ 在两个阶段存在协整关系，那么就可以建立式（4-10）的测量方程，借助状态空间模型和卡尔曼滤波算法，利用极大似然估计就可以估计出测量方程[式（4-10）]和状态方程[式（4-11）]，其估计结果见表 4-11。

表 4-11　1952～1977 年与 1978～2007 年状态空间模型估计结果

项目	1952～1977 年	1978～2007 年
对数似然值	40.1	39.98
资本产出弹性 α	0.727	0.451
有效劳动产出弹性 β	0.308	0.527
自回归系数 ρ	0.413	0.998

资料来源：本书计算

根据表 4-11，在 1952～1977 年资本产出弹性为 0.727，有效劳动的产出弹性为 0.308，要素产出弹性之和为 1.035。1978～2007 年资本产出弹性为 0.451，有效劳动产出弹性为 0.527，要素产出弹性之和为 0.978。要素产出弹性之和表明我国工业生产在大体上表现出规模收益不变的特征。与 1952～1977 年相比，后一阶段资本产出弹性下降了 38%，而有效劳动产出弹性增加了 71%，说明在我国存在资本过度投入的现象，在规模报酬不变的条件下，资本的边际递减规律使得资本的产出弹性下降。另外，单位劳动力所结合的资本数量增加，导致劳动的边际产出提高。这个正是本书实证结论所反映的事实。

不同学者估计的资本产出弹性进行比较。Chow（1993）利用两投入要素估计我国工业在 1952~1985 年的资本产出弹性为 0.68，Chen 等（1988a）采用超越对数生产函数估计的国营工业企业在 1953~1985 年的资本产出弹性为 0.72。本书结论与 Chen 等学者的估计结果大体一致，但高于 Chow 等学者的研究结论。可能的原因在于 Chow 对资本存量的核算方法与本书不同。另外，与改革开放以前相比，大多数学者的研究结论表明，改革开放以后资本的产出弹性有一定程度的下降。例如，Wan（1995）的研究表明，对于我国工业而言，选取统一的 0.6 或 0.4 的资本产出弹性可能会低估改革开放以前的资本产出弹性，以及可能会高估改革开放以后的资本产出弹性。谢千里等（2008）的研究表明，在 1998 年和 2005 年，工业企业资本的产出弹性为 0.381。本书的研究结果也支持这样的结论，即改革开放后工业的资本产出弹性有减小的趋势，而有效劳动产出弹性有提高的趋势。

3. 工业总量全要素生产率增长率

有了量测方程[式（4-10）]及状态方程[式（4-11）]的估计结果，便可以得到我国工业 1952~2007 年历年的全要素生产率。表 4-12 列出了若干阶段全要素生产率的年均增长率。

表 4-12　不同阶段全要素生产率年均增长率

阶段	1952~1977 年	1978~2007 年	1952~1966 年	1966~1967 年	1978~1985 年	1986~1995 年	1996~2007 年	1985~2007 年
全要素生产率年均增长率	2.48	2.66	5.99	−2.40	0.60	−2.23	8.10	3.44

资料来源：本书计算

表 4-12 的结果显示，在 1952~1977 年我国工业总量水平的全要素生产率年均增长率为 2.48%。全要素生产率增长主要发生在 1952~1966 年，全要素生产率的年均增长率高达 5.99%。"文化大革命"期间的全要素生产率的年均增长率为−2.4%。

处于改革开放以后的 1978~2007 年，我国工业总量全要素生产率增长率为 2.66%。处于改革开放初期的 1978~1985 年，其工业全要素生产率的年均增长率较"文化大革命"期间的工业全要素生产率增长率有恢复性增长，但其全要素生产率年均增长率仅为 0.60%。在 1986~1995 年，工业全要素生产率的年均增长率下降到−2.23%。1996~2007 年是我国工业增长绩效最好的一个时期，其全要素生产率增长率高达 8.10%，而且波动幅度较小，增长率的标准差仅为 0.033。

4. 对中国工业全要素生产率研究结论的比较

将本书对中国工业全要素生产率增长率的结论和其他学者的研究结论进行比较，结果见表 4-13。

表 4-13　对中国工业全要素生产率不同研究结果的比较　　　单位：%

作者	时期	样本	方法	全要素生产率增长率	全要素生产率增长率（本书）
Chen 等（1988a）	1953～1985 年	国营工业企业	参数估计法	2.6	2.51
	1957～1978 年			1.1	−0.02
	1978～1985 年			5.9	0.60
Chow（1993）	1952～1980 年	全部工业企业	参数估计法	≤0	0.02
胡永泰等（1994）	1984～1988 年	国营企业	参数估计法	≤0	0.01
Wu（1997）	1979～1994 年	国营企业	收入份额法	2.48	−0.00
Young（2003）	1978～1998 年	非农产业部门	收入份额法	1.4	0.40
陈勇和李小平（2007）	1985～2003 年	工业行业（统计口径不详）	DEA 法	2.3	2.50
李红玉等（2008）	2000～2005 年	规模以上工业企业	参数估计法	2.5	7.50
谢千里等（2008）	1998～2005 年	国有企业 集体企业	参数估计法	15.63 7.44	7.60 —
袁堂军（2009）	1999～2004 年	上市工业企业	收入份额法	1.6	7.30
陈诗一（2009）	1980～2006 年	全部工业企业	参数估计法	6.36	3.10
张军等（2009）	1981～1991 年	全部工业	参数估计法	2.19	−0.60
	1992～2000 年			9.75	3.60
	2001～2006 年			10.6	7.90
	1981～2006 年			6.53	2.80

资料来源：作者自己整理

表 4-13 中，由于样本不同，采用的方法存在差异，不同文献对中国工业全要素生产率的核算结果之间有较大差异。但较为一致的结论是，在 1998 年以前中国工业全要素生产率的增长率较小。例如，Young（2003）对 1978～1998 年非农产业部门的研究结论是全要素生产率增长率为 1.4%，本书的研究结论是全要素生产率增长率为 0.4%。Chen 等（1988a）的研究表明，1953～1985 年国营工业企业的全要素生产率增长率为 2.6%，本书对这一时期全部工业样本的研究结论是全要素生产率增长率 2.51%。但对于 1998 年以后的结论争议较大。谢千里等（2008）、陈诗一（2009）、张军等（2009）及本书的研究均得到了较为乐观的估计，而袁堂军（2009）、李红玉等（2008）等学者得到了较低的全要素生产率增长率结论。这种差异同时表明，还需要对中国工业的增长因素进行更充分的实证研究和理论研究。

4.5　中国工业总量增长因素分析

得到了资本产出弹性和全要素生产率后，就可以根据式（3-11）～式（3-14）

对工业整体进行增长因素核算。表 4-14 是不同时期要素投入的年均增长率与产出增长率，以及各要素对工业增长的贡献度。

表 4-14　各要素对工业总量增长的贡献度

时期	年均增长率				要素贡献度/%			
	工业增加值	固定资本存量	劳动投入	人力资本存量	固定资本存量	劳动投入	人力资本存量	全要素生产率
1952～1977 年	0.131	0.095	0.069	0.053	56.70	14.37	9.62	19.31
1952～1966 年	0.162	0.094	0.058	0.051	43.83	7.65	7.64	40.88
1967～1977 年	0.088	0.096	0.087	0.050	75.57	24.06	10.81	-10.44
1978～2007 年	0.118	0.143	0.032	0.019	53.48	15.12	8.69	22.70
1978～1985 年	0.106	0.084	0.072	0.045	34.08	36.28	22.86	6.79
1986～1995 年	0.091	0.200	0.032	0.013	97.40	19.44	7.75	-24.59
1996～2007 年	0.148	0.134	0.006	0.006	40.49	2.38	2.14	55.00

资料来源：根据表 4-11 及投入产出数据计算得到

根据表 4-14，处于改革开放以前的 1952～1977 年，工业总量产出增长主要依靠初级要素投入（特别是资本投入）推动。其中，资本投入的贡献度高达 56.7%，劳动投入的贡献度为 14.37%，初级要素投入的贡献度合计达 71.07%；人力资本的贡献度为 9.62%，全要素生产率的贡献度为 19.31%，智力要素的贡献度合计 28.93%。

处于改革开放以来的 1978～2007 年，工业产出的增长仍然主要依靠大量初级要素的投入推动。在这一阶段，资本投入的贡献度为 53.48%，劳动投入的贡献度为 15.12%，两者合计贡献度为 68.60%；人力资本的贡献度为 8.69%，全要素生产率增长率的贡献度为 22.70%，智力要素贡献度合计 31.39%。可见，在改革开放前后，工业增长方式均表现为高投入低产出的粗放型增长。

图 4-6 是各个不同阶段的初级要素投入和智力要素分别对工业产出增长的贡献度。从图中可以发现，各要素对工业产出增长的贡献度表现出明显的阶段性特征。在 1952～1966 年，刚刚成立的中华人民共和国在生产力方面获得了极大解放，工业产出平均增长率高达 16.2%，这一时期的全要素生产率增长率对产出增长的贡献度为 40.88%，人力资本的贡献度为 7.64%，智力要素贡献度合计 48.52%；资本投入的贡献度为 43.83%，劳动投入的贡献度为 7.65%，初级要素投入的贡献度合计为 51.48%。虽然初级要素投入仍然是推动这一时期产出增长的主要动力因素，但全要素生产率的提高和人力资本投入的提高同样发挥了关键性作用，特别是全要素生产率成为仅次于资本投入的一个重要要素。

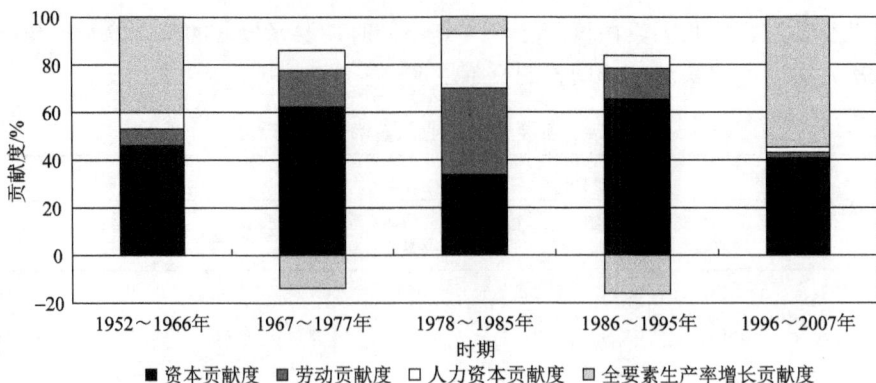

图 4-6　不同阶段初级要素投入与智力要素对工业产出贡献度

　　在 1967～1977 年发生的"文化大革命"扰乱了正常的生产秩序，导致这一时期的全要素生产率增长率出现负值。资本和劳动力等初级要素投入对这一阶段产出增长的贡献度高达 99.63%，而智力要素的贡献度几乎为零。

　　在 1978～1985 年，在生产秩序恢复的基础上还实行了有利于解放生产力的一系列扩大企业自主权的改革措施。这些改革措施有效地遏制了"文化大革命"期间全要素生产率持续恶化的状态，出现了恢复性增长。全要素生产率增长率对产出增长的贡献度提高到为 6.79%，人力资本的贡献度高达 22.86%，这个时期是人力资本对产出贡献度最高的一个时期。智力要素的贡献度合计为 29.65%；资本贡献度为 34.08%，劳动投入贡献度为 36.28%，初级要素投入的贡献度合计达 70.36%。这说明，在改革开放初期，制度变革虽然提高了企业的生产率，但在整体上仍然表现为粗放型增长。

　　1986～1995 年工业改革进入深化阶段。这一阶段先后推出了国有企业承包经营责任制及建立现代企业制度等改革措施。但由于理论准备不足，认识上有反复，"就事论事"的改革措施并没有解决国有企业政企不分、社会包袱沉重、经营机制转换滞后等深层次矛盾，其结果造成这一时期工业生产大起大落，企业经营效益持续恶化，呈现出"高增长、低效益、低效率"的特征。全要素生产率增长率的贡献度仅为-24.59%，智力要素的贡献度合计为-16.84%。而初级要素投入对产出增长的贡献度高达 116.84%，表现出粗放型增长的特点。

　　在 1996～2007 年，全要素生产率增长率对工业产出增长的贡献度为 55%，智力要素的贡献度合计达到 57.14%，首次超过初级要素投入的贡献度（合计 42.87%），智力要素成为推动这一时期工业增长的首要动力，这一时期也是自中华人民共和国成立以来工业生产率水平获得平稳较快增长的最好时期。这一时期恰好处于国有工业企业改革的攻坚时期，政府对国有工业企业实施了抓大放小、三年脱困等一系列改革措施。从本书的实证分析来看，这一阶段的改革措施取得了较好的成效，不但扭转了工业生产率在 1986～1995 年连续负增长的局面，而且实现了较平稳的增长，初步实现了工业增长方式由粗放型向集约型的转变。

4.6　小　　结

由于工业的统计口径及统计的核心指标经历了两次重要变化，本章首先整理出全部工业统计口径下，数据覆盖范围一致的投入和产出数据库；其次，利用拓展的增长因素分解模型与隐性变量法对 1952～2007 年工业总量的资本生产率、劳动生产率、全要素生产率及工业产出的增长因素进行了实证研究。本书的实证研究发现，在 1996 年以后，我国工业增长方式开始由粗放型向集约型转变。

这里需要指出的是，使用总量生产函数核算工业总量增长因素的隐含假设了行业同质、市场均衡等条件。正如 Jorgenson（1988）所指出的，总量生产函数虽然不能捕捉资源的优化再配置作用，但对研究较长时期增长因素的动态演变仍然具有非常重要的意义。

第5章   中国工业行业增长因素分析(1985～2007年)

第4章对中国工业总量增长因素的分析中，隐含的假定是工业行业之间是同质的，行业之间具有相同的生产函数和增长轨迹。但事实上，行业之间由于在要素密度，生产特征，行业的发育程度，市场结构，所面临的内、外部环境等方面存在差异而表现出异质性。行业之间的异质性必然导致技术进步率不同，进而表现出不同的增长方式。因此，放松行业之间具有同质性的假定条件，使用行业生产函数研究工业行业的增长因素就显得有必要且非常重要。

本章对工业行业增长因素的分析仍然从数据整理开始，第二部分是估计方法与回归结果分析。

5.1   数 据 整 理

在1984年以前，我国未制定国民经济行业分类标准，行业分组按管理部门划分为15个工业部门。从1985年开始，我国对工业行业的分类执行《国民经济行业分类和代码》的国家标准，新的行业分类与旧的工业部门分类之间存在较大差异，而且旧分类的统计数据有缺失。因此，本书对工业行业增长因素研究的时间跨度设定为1985～2007年。

在1997年以前，我国工业的统计范围按隶属关系划分，而从1998年开始，工业统计范围由按隶属关系划分改为按企业规模划分。也就是说，在1985～1997年与1998～2007年的两个阶段中工业的统计口径不同。为了对工业行业的增长因素进行连续时间序列的分析和比较，本书将这两个阶段的统计口径统一调整为全部工业。这是本章的一个难点，也是对工业行业增长因素进行准确分析和判断的关键点。

另外，需要指出的是，在1994年与2002年我国对工业行业的分类标准分别进行了两次大的修订，对部分两位数工业行业进行了合并，并对部分工业行业的中类和小类进行了调整。这样造成了修订前后两位数工业行业的数据覆盖范围不一致，因此还需要对部分行业的数据进行调整，以保证数据核算口径和覆盖范围的一致性。

5.1.1   工业行业不变价增加值

由于对工业统计范围的划分标准不同，对于1985～1997年的工业增加值，本书采用分类加总法进行核算，首先，将全部工业按照隶属关系分为乡及乡以上工业、村办工业、城乡合作工业企业、城乡个体工业及大部分的私营企业五大类，这五个分类满足了数据"不重复、不遗漏"的原则和要求。然后，将这五大类的投入产出数据进行加总即可得到全部工业口径的投入产出数据。对于 1998～2007 年的工业增加值本书采用比例调整法进行核算，即假设在某一较短的阶段内，规模以下工业占规模以上工业的产出保持固定比例，按照该比例关系得到全部工业口径下的相应数据。

　　本书以工业增加值作为衡量工业产出的基本指标。中国的国民经济核算体系在 1993 年发生了一次大的改革，原计划经济体制下的物质产品平衡表体系变为国民经济核算体系（许宪春，2002）。与此同时，原体系下的核心指标——净产值，被新体系下的核心指标——增加值指标替代。基于两个核算体系核心指标的改变及数据的可获得性，本书通过以下三个步骤整理工业行业不变价工业增加值。首先，整理全部工业口径下工业行业总产值的时间序列数据；其次，根据增加值率将工业行业总产值调整为工业增加值；最后，利用价格指数将名义工业增加值折算到不变价工业增加值。

1. 1985～1997 年全部工业口径下的工业行业总产值

1）1985～1997 年全部工业统计口径下数据的覆盖范围

　　1985～1997 年，我国各类统计资料中对工业行业总产值数据报告最为详尽的是乡及乡以上独立核算的统计口径。要整理出全部工业口径下的工业行业总产值，搞清乡及乡以上统计口径数据的覆盖范围包括什么和不包括什么至关重要。

　　《中国统计年鉴》（1989 年卷）第 263 页的表"各种经济类型工业总产值"提供了全部工业总产值的分类构成（表 5-1）。

表 5-1　各种经济类型工业总产值　　　　　　　单位：亿元

项目	1985 年	1987 年	1988 年
总计	9 716.47	13 812.99	18 224.58
a 全民所有制工业	6 302.12	8 250.09	10 351.28
b 集体所有制工业	3 117.19	4 781.74	6 587.49
其中：乡办工业	760.55	1 284.19	1 846.69
村办工业	662.72	1 165.35	1 703.63
城乡合作经营工业	151.75	316.46	439.38
c 城乡个体工业	179.75	502.39	790.49
d 其他经济类型工业	117.41	278.77	495.32
轻工业总计	4 575.31	6 656.43	8 979.24
Ⅰ 全民所有制工业（独立核算）	2 472.79	3 278.47	4 189.61

项目	1985 年	1987 年	1988 年
Ⅱ集体所有制工业（独立核算）	1 262.36	1 827.48	2 432.32
其中：乡办工业（独立核算）	347.61	657.66	969.46
Ⅲ村办工业	323.55	581.51	849.23
Ⅳ城乡合作经营工业	95.39	196.84	269.89
Ⅴ城乡个体工业	131.15	343.74	530.5
Ⅵ其他经济类型工业（独立核算）	62.82	140.95	259.99
重工业总计	5 141.16	7 156.56	9 245.34
Ⅶ全民所有制工业（独立核算）	3 642.15	4 718.29	5 757.09
Ⅷ集体所有制工业（独立核算）	908.59	1 316.02	1 787.26
其中：乡办工业（独立核算）	383.12	624.53	902.32
Ⅸ村办工业	339.17	583.84	854.4
Ⅹ城乡合作经营工业	56.36	119.62	169.49
Ⅺ城乡个体工业	48.6	158.65	259.98
Ⅻ其他经济类型工业（独立核算）	44.36	100.34	160.18
Ⅰ+Ⅱ+Ⅵ+Ⅶ+Ⅷ+Ⅻ	8 393.07	11 381.55	14 586.45
乡及乡以上独立核算工业	8 434.72	11 318.56	14 586.45
乡及乡以上的附营工业生产单位	329.18	510.24	704.63

资料来源：《中国统计年鉴》（1989 年卷）第 263 页表 6-6 中各种经济类型工业总产值；1985 年乡及乡以上独立核算工业企业的总产值数据来源于《1985 年工业普查资料》，1987～1988 年乡及乡以上独立核算工业企业的总产值数据来源于《中国工业经济统计年鉴 1993》第 142 页

注：乡及乡以上的附营工业生产单位的总产值数据根据全民所有制工业企业，不包括村办与城乡合作经营工业的集体所有制工业企业，其他经济类型工业企业和轻、重工业分类下三类独立核算工业企业（全民所有制、集体所有制和其他经济类型工业）总产值之差计算得到；本表轻、重工业分类中的全民所有制工业、集体所有制工业及其中的乡办工业、其他经济类型工业为独立核算工业企业数字，其他指标均为全部工业数字

表 5-1 中，a、b、c、d 行的汇总数据与总计的工业总产值数据相等。值得注意的是，在《中国统计年鉴》（1989 年卷）第 268 页表 6-11 中，即在各地区工业企业单位数和工业总产值的说明中明确指出，全部工业总产值包括乡及乡以上、村办、城乡合作经营和城乡个体的独立核算工业企业和非独立核算工业生产单位。从中可以得到的一个重要信息是：全部工业的总产值包括了全民所有、集体所有、城乡个体和其他类型等四种工业企业的总产值，同时还包括了附属于这些工业企业、事业、机关、团体、学校、科研机构、部队等工业生产单位的工业总产值。附营工业生产单位没有采用独立核算体系（Szirmai et al.，2002）。

表 5-1 的轻工业总计数据及重工业总计数据之和与总计的总产值数据相等。但在对轻工业与重工业的进一步分类中，全民所有制工业、集体所有制工业、集

体所有制中的乡办工业、其他经济类型工业的指标为独立核算工业企业数字，而村办工业、城乡合作经营工业及城乡个体工业的指标则为全部工业数字。进一步将轻、重工业中三类独立核算工业企业（全民所有制、集体所有制和其他类型工业）的总产值合计与《中国工业经济统计年鉴》中的对乡及乡以上独立核算工业企业口径下的工业总产值进行对比，1985 年与 1987 年分别相差 41.65 亿元和 62.99 亿元，而 1988 年的数据则完全相同。因此，可以粗略确定，乡及乡以上独立核算工业企业统计口径的数据核算范围覆盖了全民所有制独立核算工业企业、城镇集体所有制独立核算工业企业、乡办工业独立核算工业企业和其他类型独立核算工业企业四部分。

表 5-2 是 1995 年第三次工业普查中有关乡及乡以上工业企业的数据统计。

根据表 5-2 中的统计分类，结合表 5-1 可以进一步明确：乡及乡以上统计口径的数据覆盖范围，除包括了独立核算的全民所有制企业、县（旗）属集体企业、乡办工业、外商投资经济、港澳台投资经济及少部分的私营企业外，还包括附营工业生产单位；其不包括城乡合作工业企业、村办工业企业、城乡个体工业企业及大部分的私营企业。

表 5-2　1995 年第三次工业普查中乡及乡以上工业的统计数据

工业	全部乡及乡以上工业		全部乡及乡以上独立核算工业	
	企业单位数/个	工业总产值/亿元	企业单位数/个	工业总产值/亿元
国有工业	118 000	26 840.51	87 905	25 889.93
集体工业	413 558	16 549.46	363 840	15 839.33
其中：乡办工业	228 830	9 807.09	213 188	9 590.18
私营工业	2 939	150.85	2 708	146.5
联营工业	5 903	666.63	5 493	652.76
股份制工业	5 873	2 750.34	5 559	2 727.01
外商投资经济	17 962	4 776.59	17 692	4 744.96
港澳台投资经济	26 899	4 897.22	26 601	4 867.57
其他工业	942	92.27	583	78.8
总计	592 076	56 723.87	510 381	54 946.86

资料来源：《中华人民共和国 1995 年第三次全国工业普查资料汇编（综合·行业卷）》第 30、46 页数据整理

根据前面的分析，按照隶属关系可以将全部工业划分为如下五大类：乡及乡以上工业、村办工业、城乡合作工业企业、城乡个体工业及大部分的私营企业，并将前两项统称为村及村以上工业，而将后三项统称为村以下工业。换句话说，全部工业由村及村以上工业和村以下工业构成。

2）1985～1997 年工业行业总产值的核算

在搞清了全部工业口径数据的覆盖范围后，就可以进一步整理工业行业的总

产值数据。获取工业行业统计数据的主要来源包括《中国工业经济统计年鉴》《中国统计年鉴》《中国工业交通能源 50 年统计资料汇编 1949-1999》，这三种统计年鉴分别提供了 1985～1997 年连续年份的乡及乡以上独立核算工业企业行业的工业总产值数据。其中《中国工业经济统计年鉴》与《中国统计年鉴》还提供了1985～1997 年村办工业行业的总产值统计数据。

其他能够获得这一阶段工业行业总产值数据的统计资料还包括历次工业普查（每 10 年进行一次），投入产出表（每 5 年编制一张，已经出版发行的有 1987年、1992 年、1997 年及 2002 年五个年份的投入产出表。另外，在中间年份如 1990年、1995 年、2000 年及 2005 年，国家统计局还编制了部门分类较粗的延长表）也是获取工业行业产出数据的一个重要来源。但值得注意的是，投入产出表的部门分类和现行的国民经济行业分类不同，现行的国民经济行业分类是按企业、事业单位、机关团体和个人从业人员的生产经营活动或其他社会经济活动的性质进行行业分类，在企业单位有多种产品产出的情况下，它只按主要产品所属的行业进行归并，而投入产出表的部门是产品部门，是按照产品或服务的属性归类的（国家统计局国民经济核算司，1999）。因此，投入产出表中的工业总产值与其他统计资料上按照国民经济行业分类统计的工业总产值在大小上具有不同程度的差异。例如，在 1992 年的投入产出表中，全国总计的工业总产值为 37 211.89 亿元，而《中国统计年鉴》上的数据则是 34 599 亿元，两者相差约占《中国统计年鉴》上工业总产值的 7.6%。本书的工业行业数据均是按照国民经济行业分类统计的，因此，不能直接使用投入产出表中的数据。但投入产出表报告了较详尽的工业行业数据，例如，2002 年的投入产出表提供了全部 122 个行业（其中包括 81 个工业行业）的数据，这对统一不同版本行业分类下行业数据的覆盖范围是必不可少的。

根据全部工业统计口径的数据覆盖范围及现有可利用的统计资料，本书按照如下六个步骤整理 1985～1997 年工业行业的总产值数据。

第一步，根据《中华人民共和国 1995 年第三次全国工业普查资料汇编（综合·行业卷）》报告的乡及乡以上工业企业与乡及乡以上独立核算工业企业的行业数据，将 1985～1994 年与 1996～1997 年乡及乡以上独立核算工业企业口径下的行业总产值数据调整为乡及乡以上工业企业口径下的行业数据。这里本书假定，在 1985～1997 年,工业各行业的附营工业生产单位的产出占全部乡及乡以上独立核算工业企业的产出的比例与 1995 年的比例大体保持相同。

第二步，将《中国统计年鉴》（历年卷）中提供的村办工业分行业总产值与乡及乡以上工业企业口径下相应的行业总产值合并，得到村及村以上工业分行业总产值。

第三步，将《中国统计年鉴》（历年卷）中提供的全国各种经济类型工业总产值数据扣减掉村及村以上工业总产值数据，得到村以下工业总产值数据。

　　第四步，现有的各类统计资料中均没有村以下工业的分行业产出数据。本书按照村办工业总产值的行业构成比例，将村以下工业总产值数据劈分到每一个行业，并将该口径下的分行业总产值数据与村及村以上工业的分行业总产值数据合并。至此，本书就得到了 1985～1997 年全部工业统计口径下的行业总产值数据。

　　这里需要说明的是，以村办工业的总产值行业比例劈分村以下工业总产值是基于这样的认识，即村以下工业与村办工业的工业总产值具有相似的行业构成，而与乡及乡以上统计口径下的工业总产值的行业构成差异较大。事实上，在垄断性行业如石油和天然气开采业中，几乎所有的生产均集中于少数的国有企业。公用事业部门的三个行业也较少有村及村以下企业涉及。因此，本书按照村办工业总产值的行业构成将村以下工业总产值劈分到各行业中。

　　表 5-3 是根据以上四个步骤整理得到的 1985～1997 年行业加总的村办工业与乡及乡以上工业总产值与全部工业总产值的数据统计。

表 5-3　1985～1997 年村办工业与乡及乡以上工业总产值与全部工业总产值

单位：亿元

年份	村办工业 I	乡及乡以上独立核算工业 II	乡及乡以上工业* III	村以上工业 I+III	全部工业 IV	村以下工业 IV−（I+III）
1985	662.72	8 434.72	8 707.50	9 370.22	9 717	346.78
1986	888.49	9 436.34	9 741.52	10 630.01	11 194	563.99
1987	1 165.35	11 381.56	11 749.65	12 915	13 813	898
1988	1 703.63	14 586.45	15 058.18	16 761.81	18 224	1 462.19
1989	2 117.68	17 473.89	18 039.00	20 156.68	22 017	1 860.32
1990	2 394.02	18 689.22	19 293.64	21 687.66	23 924	2 236.34
1991	2 347.00	22 088.68	22 803.04	25 150.04	26 625	1 474.96
1992	3 632.00	27 724.21	28 620.83	32 252.83	34 599	2 346.17
1993	5 163.00	39 693.00	40 976.69	46 139.69	48 402	2 262.31
1994	9 658.00	51 353.00	53 013.78	62 671.78	70 176	7 504.22
1995	11 617.87	54 946.86	56 723.87	68 341.74	82 297	13 955.26
1996	15 900.00	62 740.16	64 769.21	80 669.21	99 595	18 925.79
1997	17 940.00	68 352.68	70 563.24	88 503.24	113 733	25 229.76

　　资料来源：第 I、II、IV 列数据来源于历年的《中国统计年鉴》。其他列数据通过作者整理和计算得到
　　*乡及乡以上工业还包括非独立核算的附营工业生产单位的总产值

　　第五步是行业调整。由于 1985～1992 年对工业行业的分类标准是 GB 4754−84（以下简称 1984 版），而 1993～1997 年的分类标准是 GB/T 4754−94（以下简称 1994 版）。在这两个分类标准下，各行业数据的覆盖范围的差异及数据的行业调整列于表 5-4 中。

表 5-4　1984 版与 1994 版国民经济工业行业分类的差异及调整

1984 版	1994 版	数据覆盖范围差异及调整
建筑材料及其他非金属矿采选业 采盐业	非金属矿采选业	1984 版的两个大类建筑材料及其他非金属矿采选业与采盐业合并为 1994 版中的大类非金属矿采选业。调整方法：将 1984 版中的两大类的工业产出数据合并即可
食品制造业 饲料工业	食品加工业 食品制造业	原 1984 版中的大类食品制造业下的中类粮油加工业、屠宰及肉类加工业、蛋品乳品加工业、水产品加工业、制糖业与该版分类下的大类饲料工业合并构成 1994 版中的大类食品加工业，而食品制造业下的中类方便食品制造业与其他食品制造业合并构成 1994 版中的大类食品制造业。调整方法：根据 1987 年和 1992 年投入产出中的各中类工业总产值的比例关系对 1985～1992 年的食品制造业进行拆分，并与相应年份的大类饲料工业重新组合，形成新的食品加工业与食品制造业总产值时间序列数据，调整后的数据与 1994 版中相应行业的统计数据的覆盖范围完全相同
皮革、毛皮及其制品业	皮革、毛皮、羽绒及其制品业	1994 版是在 1984 版的基础上添加了新的中类羽毛（绒）及其制品业。由于是新定义的中类，无统计年份的产出数据较小，可以忽略。因此，不作进一步调整
印刷业	印刷、记录媒介的复制业	1994 版是在 1984 版的基础上添加了新的中类记录媒介的复制。不作调整
石油加工业 炼焦、煤气及煤制品业	石油加工及炼焦业 煤气的生产供应业	1994 版中的石油加工及炼焦业是 1984 版的大类石油加工业与炼焦、煤气及煤制品业下的中类炼焦业合并而成。而炼焦、煤气及煤制品业下的另一个中类煤气的生产供应业被调整为 1994 版中的大类煤气的而生产供应业。调整方法：利用 1987 年、1992 年的投入产出表中的炼焦业与煤气及煤制品业总产值的比例关系，从 1985～1992 年的炼焦、煤气及煤制品业中分离出炼焦业（利用 1987 年投入产出表中的比例关系分离 1985～1987 年的数据，用 1992 年投入产出表中的比例关系分离 1988～1992 年的数据），并与相应年份的石油加工业合并组成石油加工与炼焦业，分离后剩余的煤气的生产供应业单独作为一个大类存在
机械工业	普通机械制造业 专用设备制造业	新旧版分类下该行业的差异有三点，首先，1984 版中的大类机械工业在 1994 版中被拆分为两个大类普通机械制造业与专用设备制造业；其次，1994 版的机械制造业的两个大类没有包括 1984 版的机械工业下的中类日用机械制造业，而是分散在制造业的其他大类中；最后，1984 版中的中类文化、办公用品机械制造业被调整到 1994 版的大类仪器、仪表及文化、办公用机械制造业下作为一个中类存在。调整方法：根据 1987 年、1992 年的投入产出表将 1985～1992 年的大类机械制造业按照各中类的工业总产值占比进行拆分合并，通过减掉日用机械制造业产出数据，并将文化、办公用品机械制造业的数据调整到仪器仪表及其他计量器具制造业中。其中 1994 版中的普通机械制造业包括锅炉及原动力制造业、金属加工机械制造业、其他机械制造业三个中类，专用设备制造业包括工业专用设备制造业、农林牧渔业机械制造业、其他专用设备制造业及机械设备修理业四个中类，同时还包括了原属于日用机械制造业下的小类纺织、服装、皮革工业专用设备的相应数据
交通设备运输制造业	交通设备运输制造业	1994 版是在 1985 版的基础上添加了原属于机械制造业下的中类日用机械制造业下的小类自行车制造业。调整办法：利用 1995 年第三次全国工业普查资料中日用机械制造业下的四个小类的工业总产出的比例关系将 1985～1992 年的该种类进行拆分，并将这四个小类调整到 1994 版中相应的大类行业中
仪器仪表及其他计量器具制造业	仪器仪表及文化、办公用机械制造业	1994 版是在 1985 版的基础上添加了原属于机械制造业下的中类文化、办公用品机械制造业，并合并了原中类日用机械制造业下的两个小类照相机制造业和钟表制造业。调整方法：在 1985 版产出数据的基础上增加调整进来的一个中类和两个小类的产出数据即可
工艺美术制造业	其他制造业	1985 版中的工艺美术制造业被调整进入 1995 版的其他制造业并作为一个中类存在

资料来源：根据《中国工业交通能源 50 年统计资料汇编 1949—1999》第 303～337 页中的附录工业行业分类类目新旧对照表整理得到

需要说明的是，在国民经济工业行业分类中还包括其他采矿业、其他制造业等，对于这两个工业行业的统计存在数据缺失的现象，而且这两个行业所包含的具体中类和小类在时间序列上不可比，因此在本书的研究中舍弃这两个行业。

第六步，将 1985～1994 年按照旧规定核算的工业总产值转换到按照新规定核算的工业总产值。1995 年的工业普查对工业总产值的核算方法做了修订，即从 1995 年开始按照新规定的方法计算工业总产值，这样的调整方法使得 1995 年以后的工业总产值与以前年度的工业总产值无可比性。调整办法：根据 1995 年工业普查资料上提供的各分行业的新规定与原规定的工业总产值的比例将 1985～1994 年按照原规定核算的工业总产值调整到新规定下的工业总产值中。

2. 1998～2007 年全部工业口径下的工业行业总产值

1998～2006 年，全部工业包括全部国有及规模以上非国有工业企业和规模以下非国有工业企业两部分。2007 年，全部工业则包括规模以上工业企业和规模以下工业企业两部分。在我国的各类统计资料中对工业行业数据统计的最详尽的口径是全部国有及规模以上非国有工业企业（1998～2006 年）和规模以上工业企业（2007 年）。《中国经济普查年鉴 2004》报告了在第一次经济普查年度（2004 年）中全部工业口径下的分行业数据。另外，我国 2002 年投入产出表详细报告了全部 42 个部门和 122 个部门的投入产出数据。虽然如前文所述，投入产出表中的行业分类与国民经济行业分类略有差异，但该表是在每 5 年进行一次全国投入产出调查的基础上编制的，这为分析全部工业口径下的工业行业产出提供了不可多得的基础数据。本书就以经济普查数据和投入产出表数据为基础整理 1998～2007 年全部工业口径下的分行业工业总产值。

首先，按照 GB/T 4754－2002 国民经济行业分类标准将 2002 年投入产出表中的 122 个行业进行分类归并，并计算出相应行业的工业总产值。然后，计算全部国有及规模以上非国有工业企业口径下的工业总产值占投入产出表相应行业总产值的比例。假设这个比例在 1998～2002 年不变，按照这个比例关系将 1998～2002 年全部国有及规模以上非国有工业企业口径下的分行业工业总产值调整为全部工业口径下的工业总产值。相应地，利用 2004 年的行业总产值比例将 2005～2007 年的工业行业数据调整为全部工业口径下的数据。用 2002 年比例与 2004 年比例的平均值调整 2003 年的数据。这样就得到了 1998～2007 年全部工业口径下的工业行业总产值数据。

1993～2002 年工业行业的分类标准是 GB/T 4754－94，2002 年我国对原有的国民经济行业分类标准进行了修订，2003～2007 年工业行业的分类标准为 GB/T 4754－2002。将这两个分类标准进行详细对比，发现主要的区别在于行业大类的调整：将 1994 版中的工业大类 12 木材及竹材采运业调整到 2002 版中的大类 02 林业下，作为林业大类下的一个中类存在；将 1994 版中的大类 62 能源、材料和机械电子设备批发业下的中类 629 再生物资回收批发业调整为 2002 版中工业部门的大类 43 废弃资源和废旧材料回收加工业。除这两处调整外，其余工业大类所包含的内容在这两个分类标准下基本一致，因此，在这两个分类标准下，相应工业行业的数据能够相互衔接，不用调整。需要说明的是，在 GB/T 4754－2002 国民经济行业分类中，将 1994 版下的木材与竹材采运业调整到 2002 版的 A 门类（农、林、牧、渔业）下的林业大类中，同时新增了废弃资源和废旧材料回收加工业行业。为了与 1994 版的分类标准相衔接，本书的研究不包括木材与竹材的采运业与废弃资源和废旧材料回收加工业，同时也没有分析其他工业行业，因此，本书的分析包括了 36 个两位数工业行业。

　　我国统计资料中将这 36 个工业行业划分为三个产业部门，分别是采矿业、制造业和公用事业。其中，采矿业包括 06 煤炭开采和洗选业、07 石油和天然气开采业、08 黑色金属矿采选业、09 有色金属矿采选业、10 非金属矿采选业等 5 个行业。

　　公用事业包括 44 电力、热力的生产和供应业，45 燃气生产和供应业，46 水的生产和供应业等 3 个行业。

　　制造业包括 28 个行业。本书以技术密集程度作为划分产业的标准，根据世界经济合作与发展组织（Organization for Economic Co-operation and Development, OECD）有关高、中、低技术产业的划分口径，结合我国工业统计和发展的实际情况，将制造业 28 个分行业进一步划分为技术密集型产业、劳动密集型产业和资本密集型产业三种类型。其中，技术密集型产业包括 26 化学原料及化学制品制造业，27 医药制造业，35 通用设备制造业，36 专用设备制造业，37 交通运输设备制造业，39 电气机械及器材制造业，40 通信设备、计算机及其他电子设备制造业，41 仪器仪表及文化、办公用机械制造业等 8 个行业。

　　劳动密集型产业包括 13 农副食品加工业，14 食品制造业，15 饮料制造业，16 烟草制品业，17 纺织业，18 纺织服装、鞋、帽制造业，19 皮革、毛皮、羽毛（绒）及其制品业，20 木材加工及木、竹、藤、棕、草制品业，21 家具制造业，22 造纸及纸制品业，23 印刷业和记录媒介的复制，24 文教体育用品制造业，28 化学纤维制造业，30 塑料制品业等 14 个行业。

　　资本密集型产业包括 25 石油加工、炼焦及核燃料加工业，29 橡胶制品业，31 非金属矿物制品业，32 黑色金属冶炼及压延加工业，33 有色金属冶炼及压延加工业，34 金属制品业等 6 个行业。

　　另外，为了与竞争性行业进行比较，本书还单独分析了垄断性行业的增长因素。垄断性行业包括了 07 石油和天然气开采业，16 烟草制品业，25 石油加工、炼焦及核燃料加工业，44 电力、热力的生产和供应业，45 燃气生产和供应业，46

水的生产和供应业等 6 个行业。

　　将 1998～2007 年的工业行业数据与 1985～1997 年相应行业数据相衔接，就得到了 1985～2007 年全部工业口径下的 36 个工业行业总产值数据。图 5-1 是工业行业加总的总产值、五个产业部门的总产值变动趋势。

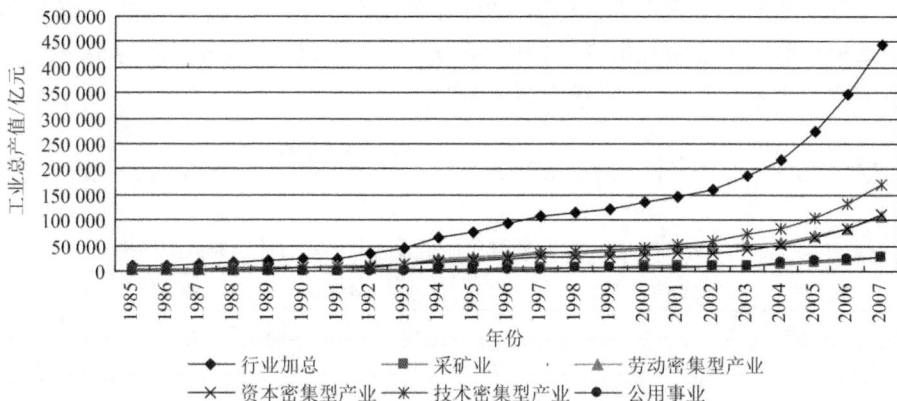

图 5-1　行业加总与五个产业部门的工业总产值变动趋势

3. 名义工业增加值

　　本书根据工业行业的增加值率（增加值与总产值之比）估算名义工业增加值。具体地，《中国统计年鉴》（历年卷）提供了 1998～2006 年全部国有及规模以上非国有工业企业分行业的增加值率，《中国统计年鉴》（2008 年卷）则提供了规模以上工业企业的增加值率。根据工业增加值率与工业总产值估算全部口径下工业行业的名义工业增加值。由于数据的可获得性，本书对不同统计口径下增加值率的差异没有作进一步区分。同样，《中国统计年鉴》（历年卷）还提供了 1993～1997 年乡及乡以上独立核算工业企业分行业的增加值率，根据工业增加值率与行业总产值就可以得到全部工业口径下各行业的名义工业增加值。

　　另外，1985～1992 年的工业行业数据只有工业总产值与工业净产值数据，需要将这些数据转换到工业增加值数据。工业净产值与工业增加值的统计口径基本一致，均反映了生产活动新创造的价值。但两者之间也有区别，工业净产值数据没有包括固定资产折旧额，而工业增加值数据包括了固定资产折旧额。另外，工业净产值包括了对非物质服务部门的支付费用（如利息费用），而工业增加值则没有包括。两者之间的关系可以用式（5-1）表示为

　　　　　工业增加值 = 工业净产值 + 固定资产折旧额 − 非物质服务投入　　（5-1）

　　当年固定资产折旧额数据分两步得到：首先，用工业各行业固定资产原值减去固定资产净值得到累积的固定资产折旧额；然后，从后向前递推可得到 1986～1992

年各年的固定资产折旧额。1985 年的固定资产折旧额数据取自工业普查资料。

　　1987 年、1992 年工业各行业的非物质服务投入数据来自该年的投入产出表。另外，可以分别计算出 1987 年与 1992 年投入产出表中的非物质服务投入与相应行业总投入的比率，并使用 1987 年的比率将 1985 年、1986 年工业行业净产值数据调整到工业增加值数据中，使用 1992 年的比率将 1987～1991 年的工业行业净产值数据调整到工业增加值中。1987 年与 1992 年非物质服务投入与相应行业总投入的比率见表 5-5，具体调整见式（5-2）：

$$工业增加值＝工业净产值＋固定资产折旧额－\frac{非物质服务投入}{总投入}×工业总产值 \quad （5\text{-}2）$$

表 5-5　1987 年与 1992 年非物质服务投入与相应行业总投入的比率

工业行业	1987 年比率	1992 年比率	工业行业	1987 年比率	1992 年比率
煤炭开采和洗选业	0.0237	0.0487	炼焦煤气及煤制品业	0.0116	0.0307
石油和天然气开采业	0.0117	0.0333	化学原料及化学制品制造业	0.0208	0.0557
黑色金属矿采选业	0.0248	0.0577	医药制造业	0.0325	0.0627
有色金属矿采选业	0.0278	0.032	化学纤维制造业	0.0205	0.0466
非金属矿采选业	0.0392	0.0259	橡胶制品业	0.0233	0.039
食品制造业	0.0172	0.0275	塑料制品业	0.0319	0.0449
饮料制造业	0.0383	0.0624	非金属矿物制品业	0.0293	0.0418
烟草制品业	0.0213	0.0259	黑色金属冶炼及压延加工业	0.0165	0.0646
纺织业	0.0236	0.0357	有色金属冶炼及压延加工业	0.0169	0.0491
缝纫业	0.0234	0.0296	金属制品业	0.0274	0.0299
皮革、毛皮、羽毛（绒）及其制品业	0.0317	0.0592	机械工业	0.0323	0.0484
木材加工及木、竹、藤、棕、草制品业	0.0204	0.0359	交通运输设备制造业	0.0282	0.0405
家具制造业	0.0307	0.0342	电气机械及器材制造业	0.0316	0.0512
造纸及纸制品业	0.0247	0.0327	通信设备、计算机及其他电子设备制造业	0.0324	0.0578
印刷业和记录媒介的复制	0.0299	0.0312	仪器仪表及文化、办公用机械制造业	0.0427	0.0636
文教体育用品制造业	0.0267	0.0292	电力、热力的生产和供应业	0.0093	0.0287
石油加工、炼焦及核燃料加工业	0.0032	0.0096	水的生产和供应业	0.0068	0.0325

　　资料来源：根据 1987 年及 1992 年投入产出表中 118 个部门的基本流量表中的数据计算得到

　　将工业行业净产值调整为工业增加值之后，就可以计算出 1985～1992 年乡及乡以上独立核算工业企业的增加值率，然后按照该口径下的增加值率与全部工业口径下的工业总产值核算这一时期全部工业口径下的工业行业增加值数据。这里同样没有对不同口径下的增加值率作进一步区分。

4. 不变价工业增加值

1）1985～1997 年工业行业增加值缩减指数

《中国统计年鉴》（1998 年卷）提供了 1980～1997 年按工业部门分不同工业部门的工业品出厂价格指数，这些工业部门包括冶金工业、电力工业、煤炭工业、石油工业、化学工业、机械工业、建筑材料工业、森林工业、食品工业、纺织工业、缝纫工业、皮革工业、造纸工业和文教艺术用品工业等 14 个工业部门。本书根据 GB 4754－84 分类标准，将各工业行业划归到不同的工业部门，并用工业部门的工业品出厂价格指数作为相应工业行业的价格指数对名义工业增加值进行平减，价格指数统一以 1990 年为 100。

这样就得到了以 1990 年为基期的 1985～1997 年工业分行业不变价工业增加值。

2）1998～2007 年工业行业增加值缩减指数

《中国统计年鉴》（2003 年卷）给出了 1998～2002 年 14 个工业部门的工业品出厂价格指数，按照与 1985～1997 年相同的处理办法，得到 1998～2002 年工业各行业的以 1990 年为基期的不变价工业增加值。

《中国统计年鉴》（2007 年卷）给出了 2003～2006 年工业细分行业的工业品出厂价格指数（上年＝100），《中国统计年鉴》（2008 年卷）给出了 2004～2007 年工业细分行业的工业品出厂价格指数（上年＝100），将 2003～2007 年工业细分行业的工业品出厂价格指数与以前年度的工业部门的工业品出厂价格指数相结合，就能得到 2003～2007 年工业各行业以 1990 年不变价表示的工业增加值。

通过以上处理，本书就得到了 1985～2007 年全部工业口径下的 36 个两位数工业行业不变价工业增加值数据。

5.1.2　工业行业不变价固定资本投入

仍然使用式（4-1）的永续盘存法核算不变价工业行业固定资本投入数据。据此需要得到工业行业的净投资数据、价格指数、1985 年各行业的初始资本存量数据及各行业的折旧率数据。

1. 1985 年工业行业初始资本存量

在第 4 章已经得到 1985 年全部工业口径下的 1990 年不变价固定资本存量，

将这一固定资本存量按照独立核算工业企业固定资本原值的行业比例劈分到工业
各行业，得到工业行业 1985 年不变价固定资本存量数据。这里需要说明的是，乡
以下工业口径下的固定资本存量行业比例可能不同于乡以上独立核算工业口径下
的固定资本存量行业比例，因此，在没有更好办法可以采用的情况下，本书对工
业行业初始资本存量的劈分有可能产生误差。所幸的是，1985 年乡以下工业占全
部工业的份额较小①，这样的误差不会对最终的结果产生较大的影响。

2. 工业行业净投资数据

1）1986～1995 年工业行业净投资数据

这一时期能够得到基本建设投资和更新改造投资的工业行业新增固定资产数
据（这两项合计为国有经济的工业行业新增固定资产数据），以及集体经济中城
镇集体经济的工业行业固定资产投资数据。因此，除了需要将城镇工业投资换算
到新增固定资产，还需要补充乡一级集体经济的工业行业新增固定资产和联营经
济、个体经济等经济类型的工业行业新增固定资产。

本书利用国有经济工业行业的固定资产投资交付使用率将城镇工业固定资产
投资换算到新增固定资产中。

利用 1986～1995 年已经得到的全部工业净投资数据，和国有经济及城镇集体
经济工业行业加总的净投资数据，可以计算出其他经济与乡一级集体经济工业行
业净投资数据。将这一加总数据按照 1996 年其他经济类型（包括联营经济、股份
制经济、外商直接投资经济和港澳台经济）工业新增固定资产的行业比例进行劈
分，得到这一时期包括乡办集体经济在内的其他经济类型工业行业新增固定资产
数据。将得到的其他经济、城镇集体经济与国有经济的工业分行业新增固定资产
投资合并，就得到了这一阶段全部工业口径下的行业固定资产净投资数据。

2）1996～2007 年工业行业净投资

《中国固定资产投资统计年鉴》中提供了 1996～2002 年国有经济、城镇集体
经济、联营经济、股份制经济、外商直接投资经济及港澳台经济的工业分行业新
增固定资产数据。还需要补充乡一级集体经济、个体经济、村办企业的新增固定
资产投资数据。处理办法：根据第 4 章得到的全部工业口径下的净投资数据，以
及国有经济等已知的工业行业新增固定资产数据，可以计算出乡集体经济、个体
经济与村办企业等加总的净投资数据。本书按照 1997 年村办工业总产值的行业比
例将这一加总数据劈分到各行业中。然后将相应行业数据汇总得到 1996～2002
年全部工业口径下的分行业净投资数据。

① 按照表 5-1 中的数据，乡及乡以上工业总产值占全部工业总产值的比例达 91%，乡以下工业总产值仅占全
部的 9%。

《中国固定资产投资统计年鉴》中提供了 2003～2007 年城镇工业分行业的新增固定资产数据。同样按照 1997 年的村办工业总产值的行业比例，将农村工业的净投资数据劈分到各行业中。

这样就得到了 1985～2007 年全部工业口径下行业的名义工业净投资数据。

3. 工业行业固定资产投资价格指数

由于行业特性不同（如劳动密集型行业与资本密集型行业），行业之间固定资产投入的种类（如房屋建筑、设备安装等）也会有很大差异，但目前对工业分行业的固定资产投资价格指数还没有进行专门统计。王德文等（2004）采取的办法是对不同的工业行业采取统一的固定资产投资价格指数。本书认为这种方法并不是一种恰当的方法，实属在缺乏直接可用数据条件下的无奈之举。

黄勇峰等（2002）在一篇专门估算中国制造业分行业资本存量的文章中采取了这样的办法：将工业行业的固定资产投资分解为建筑和设备投资两部分，并假设这两部分占固定资产投资的比重与工业整体两种投资的比重相同，并且不加区分地应用到工业各分行业中。对于建筑与设备两种投资的价格指数，他们假设各行业没有区别，在 1980～1991 年分别采用建筑业的隐含价格指数和全部工业的工业品出厂价格指数来代替。在 1991 年以后直接采用国家统计局公布的建筑安装工程价格指数与设备工器具购置价格指数来代替建筑投资价格指数与设备投资价格指数。最后，将建筑与设备投资价格指数的加权平均数作为工业行业净投资的价格指数。在他们的估算中，重点与难点在于确定工业分行业的建筑与设备投资的比重，而该类数据只有 1985 年更新改造投资中工业分行业的建筑、设备投资比例。因此，他们不得不将这一比例关系贯彻始终。

李小平和朱钟棣（2005）采取的办法是将工业分行业的建筑安装工程价格指数、设备投资价格指数与其他费用价格指数的加权平均作为固定资产价格指数，权数分别为建筑安装工程费用占固定资产投资总值的比例和设备费用占固定资产投资总值的比例。但实际上，我国对建筑安装工程价格指数、设备投资价格指数与其他费用价格指数的统计在 1991 年以后才开始，而且只有总量上（全国与各省总体）的统计数据，没有分行业的数据。另外，在固定资产投资中建筑安装工程费用与设备费用的比例也没有工业分行业的统计数据。因此，在实际的测算中，他们不得不使用很多较严格的假设条件，例如，他们假设工业各行业之间建筑安装工程价格指数相同，并使用建筑业总产值的隐含价格指数代替建筑安装工程价格指数，用工业各行业工业品出厂价格指数代替设备投资价格指数。

在缺乏直接数据资料的情况下，上述学者采用不同的方法构造了工业行业固定资产投资的价格指数，虽然这些方法均提出了许多不合实际的假设，但终究是对完善工业统计数据的建设方面做了有益的探索。本书借鉴黄勇峰等学者的方法，但在具体的数据处理过程中又有以下两方面的不同之处：一是本书使用了作者自己估计的各行业建筑与设备投资的比重，与黄勇峰等所假定的各行业具有相同的建筑与设备投资比重相比无疑是一个改进；二是本书使用工业企业厂房竣工房屋造价的变动来构建 1985～1990 年的建筑安装工程价格指数。

黄勇峰、李小平等学者采用建筑业总产值的隐含价格指数来表示建筑安装工程价格指数，本书认为使用这一隐含价格指数不是缩减工业企业房屋建筑投资的恰当指数。建筑业的总产值是房屋和土木工程建筑、建筑安装、建筑装饰等项目的产值加总，其包含的范围比较广。而企业生产性固定资产投资中的建筑主要包括厂房、仓库与办公室所包含的范围较小。而且住宅类的竣工房屋造价与厂房、仓库和办公室等的竣工房屋造价有较大差异。例如，1985 年住宅类的竣工房屋造价为 177 元/米 ^{2}，而厂房的竣工房屋造价为 299 元/米 ^{2}，仓库的竣工房屋造价为 188 元/米 ^{2}，办公室的竣工房屋造价为 196 元/米 ^{2}。[①]

《中国固定资产投资统计年鉴 1950—1995》第 235 页提供了 1980～1991 年的基本建设竣工房屋造价，其中包括的项目有：全国平均、厂房、仓库、办公室、住宅、学校、医疗机构、其他等九个项目的竣工房屋造价。由于本书的工业净投资数据是生产性质的，而且仓库与办公室在整个固定资产投资中所占比重较小，本书根据厂房的竣工房屋造价构造 1985～1990 年建筑投资的价格平减指数。1991～2007 年的数据来源于《中国统计年鉴》中价格指数部分的各地区固定资产投资价格指数中全国平均的建筑安装工程价格指数。这样就得到了 1985～2007 年全时间序列的建筑投资价格平减指数。需要指出的是，建筑安装工程价格指数没有对行业进行区分。

对于设备投资价格指数，参照李小平和朱钟棣（2005）的方法，在 1985～1990 年使用各行业工业品出厂价格指数表示设备投资价格指数，1991～2007 年使用《中国统计年鉴》中价格指数部分的各地区固定资产投资价格指数中全国平均的设备投资价格指数数据。根据这些数据就能得到 1985～1997 年全时间序列的设备投资价格指数。1991～2007 年的设备投资价格指数也没有对行业进行区分。

对于工业各行业固定资本存量中机器设备与房屋建筑部分的比重，本书使用表 5-6 中的数据（电子设备与运输工具数据并入机器设备）。这些数据均是来自上市企业的第一手资料，数据比较可靠，而且显示了行业在固定资本存量种类上的差异，突出了行业特征。根据这些数据就能得到 1985～2007 年工业分行业固定资产净投资的价格平减指数。

---

① 数据来源：《中国固定资产投资统计年鉴 1950—1995》第 235 页。

表 5-6　2008 年工业各行业各类固定资产原值的比例及折旧率

	房屋建筑物	机器设备	电子设备	运输工具	折旧率
煤炭开采和洗选业	0.354	0.612	0.017	0.024	0.148
石油和天然气开采业	0.112	0.671	0.006	0.210	0.195
黑色金属矿采选业	0.689	0.220	0.027	0.064	0.126
有色金属矿采选业	0.530	0.414	0.017	0.042	0.135
食品制造业	0.392	0.561	0.015	0.032	0.144
饮料制造业	0.489	0.453	0.025	0.033	0.139
纺织业	0.233	0.737	0.017	0.014	0.156
纺织服装、鞋、帽制造业	0.584	0.338	0.021	0.056	0.133
皮革、毛皮、羽毛（绒）及其制品业	0.401	0.525	0.051	0.023	0.153
木材加工及木、竹、藤、棕、草制品业	0.346	0.605	0.014	0.035	0.149
家具制造业	0.38	0.578	0.019	0.023	0.145
造纸及纸制品业	0.225	0.723	0.033	0.019	0.163
印刷业和记录媒介的复制	0.261	0.657	0.082		0.171
文教体育用品制造业	0.377	0.543	0.051	0.028	0.156
石油加工、炼焦及核燃料加工业	0.360	0.600	0.018	0.031	0.148
化学原料及化学制品制造业	0.220	0.740	0.015	0.017	0.157
医药制造业	0.550	0.400	0.037	0.046	0.145
化学纤维制造业	0.240	0.750	0.005	0.007	0.151
橡胶制品业	0.298	0.675	0.014	0.014	0.149
塑料制品业	0.354	0.604	0.026	0.017	0.149
非金属矿物制品业	0.357	0.590	0.022	0.036	0.151
黑色金属冶炼及压延加工业	0.256	0.721	0.048	0.015	0.170
有色金属冶炼及压延加工业	0.341	0.590	0.051	0.030	0.161
金属制品业	0.330	0.610	0.024	0.030	0.152
通用设备制造业	0.356	0.574	0.032	0.037	0.153
交通运输设备制造业	0.410	0.560	0.014	0.016	0.139
电气机械及器材制造业	0.528	0.357	0.062	0.053	0.150
通信设备、计算机及其他电子设备制造业	0.260	0.605	0.104	0.031	0.183
仪器仪表及文化、办公用机械制造业	0.404	0.428	0.119	0.049	0.177
电力、热力的生产和供应业	0.319	0.668	0.003	0.010	0.144
水的生产和供应业	0.436	0.530	0.013	0.021	0.138
平均数	0.368	0.569	0.032	0.0354	0.153

资料来源：根据各行业上市企业 2008 年年报中相关财务数据整理计算得到

4. 工业行业折旧率

本书以我国工业各行业上市企业有关财务数据估计工业行业的折旧率。具体步骤是：首先，在上市企业中分行业选择样本企业，查阅样本企业 2008 年年报中提供的固定资产原值中各类固定资产数据，这些固定资产主要包括房屋建筑、机器设备、电子设备与运输工具。其次，计算各类固定资产原值占全部固定资产原值的比重，对这一比重对行业内的样本企业取均值得到该行业各类固定资产的比重。最后，估计各类固定资产的役龄，计算复合折旧率。根据行业样本企业估计的工业行业各类固定资产原值占全部固定资产原值的比重见表 5-6。

依据第 4 章的分析，设定工业机器设备与房屋建筑物的役龄分别为 16 年和 40 年，相对应的折旧率为 17% 和 8%。设定电子设备与运输工具的役龄分别为 5 年和 8 年，折旧率分别为 47% 和 33%。根据各行业不同种类固定资产的比例可以计算并得到工业分行业的复合折旧率（表 5-6）。

需要说明的是，有三个行业（非金属矿采选业，木材加工及木、竹、藤、棕、草制品业，以及烟草制品业）没有上市企业，因此，无法得到这三个行业相应的数据。弥补的办法是非金属矿采选业的折旧率选用与其行业性质相接近的有色金属矿采选业的折旧率，其余两个行业的折旧率采用整个工业的平均折旧率代替。这样就得到了各工业行业的折旧率数据。

最后，按照 5.1.1 小节中的办法，本书将按不同标准分类的工业行业固定资本存量数据调整为 GB/T 4754－2002 分类标准下的行业数据。

5.1.3　工业行业劳动投入

1. 1985～1997 年工业行业劳动投入

统计资料中公布的有关工业分行业劳动投入的数据包括 1985～1992 年乡及乡以上独立核算工业企业的年末职工人数和 1993～1997 年的职工年均人数，以及 1985～1997 年的村办工业分行业的年末从业劳动者人数，但缺少城乡合作工业企业、城乡个体工业企业及大部分的私营企业的劳动投入人数。处理的办法是首先将年末劳动者人数统一换算到年均人数，然后计算全部工业口径下的年均劳动投入人数与乡以及乡以上独立核算工业企业和村办工业企业的年均劳动投入人数之间的差额。按照村办工业劳动投入的行业比例将该差额数据劈分到各工业行业，就得到了城乡合作、城乡个体和私营工业企业的工业分行业劳动投入数据。

另外，还需要进行行业调整，将 1985～1992 年和 1993～1997 年分别按照 GB 4754－84 和 GB/T 4754－94 标准分类的工业行业调整为按照 GB/T 4754－2002 标准分类的行业。调整办法同于 5.1.1 小节中对工业增加值的行业调整方法。

2. 1998～2007 年工业行业劳动投入

对于 1998～2007 年，统计资料上仅有全部国有工业企业及规模以上非国有工业企业的分行业劳动投入数据，以及 2004 年全国第一次经济普查提供的该年度规模以下工业企业的分行业劳动投入数据。据此，本书可以计算 2004 年度规模以上工业分行业劳动投入占各行业总劳动投入的比例。假设这个比例在 1998～2007 年不变，并利用这一时期规模以下工业分行业劳动投入数据及该比例估算规模以上工业分行业的劳动投入数据。[①]将规模以上和规模以下的工业分行业劳动投入数据合并就得到了这一时期工业分行业的劳动投入数据。

5.1.4　工业行业人力资本存量

除 Young（2003）的研究外，现有的为数不多的有关工业分行业生产率及增长要素贡献度的研究都没有考虑行业人力资本因素的作用。造成这一问题的主要原因在于数据的可获得性。

Young 使用国家统计局"中国城镇住户调查"1986～1992 年的城市家庭收入数据及国家统计局与中国社会科学院共同调查的"中国家庭收入调查"数据构造了一个大约包括 2.3 万个家庭收入数据的收入样本，并对收入的对数和从业人员的受教育程度进行回归，结果发现两者之间的相关度达到 83%，从业人员的收入随受教育程度的提高而增加。基于此，他以收入为权重核算中国非农产业从业人员的人力资本，得到的结论是，在 1978～1998 年，中国非农产业从业人员人力资本的增长率大约为 1.1%。

根据《中华人民共和国 1995 年第三次全国工业普查资料汇编（综合·行业卷）》提供的工业 37 个分行业从业人员的学历分布核算出各行业的平均受教育程度，并用该数据与各行业从业人员的平均工资的截面数据进行简单回归，回归结果显示，平均受教育程度的差异只能解释工资水平差异的 46%。显然，至少在工业，使用劳动者的工资水平代表人力资本并不是一个合适的替代指标。

岳希明和任若恩（2008）通过编制反映劳动质量变化的劳动投入指数测算了中国 1982～2000 年 37 个行业的劳动投入数据。他们的研究发现，在研究期间从业人数的增长率为 1.8%，劳动者质量改善的年均幅度为 1.43%。在核算劳动者质量改善时，他们使用了从业人员的劳动报酬数据。

本书以平均受教育年限来表示人力资本水平。在现有的统计资料中，可以分别获得 1982 年（全国人口普查）、1990 年（全国人口普查）、1995 年（第三次

---

① 1998～2007 年规模以下工业分行业劳动投入数据是全部工业口径下的劳动投入数据与规模以上工业劳动投入数据之差。

全国工业普查）及 2004 年（第一次全国经济普查）四个年份工业分行业劳动力的平均受教育年限。对于其他年份的行业人力资本数据，处理办法是：首先假定工业各行业年均人力资本的增长率与全国工业年均人力资本增长率保持相同的比例。然后根据 1982 年与 1990 年全国人口普查资料所给出的从业人员学历分布，核算出这两个时间点上工业分行业从业人员的平均受教育年限，并计算出 1982～1990 年工业各行业从业人员的平均受教育年限的增长率，记为 $V_{i,E}$。利用 Wang 和 Yao（2003）给出的全国人力资本数据，可以计算出 1983～1990 年全国历年人力资本增长率与 1982～1990 年的人力资本总增长率，这两个增长率分别记为 $g_{H,t}$ 与 V_H。设各工业分行业在 1983～1990 年各年增长率为 $g_{i,E,t}$，可以用式（5-3）计算该数据。

$$g_{i,E,t} = g_{H,t}(V_E / V_H) \qquad\qquad （5\text{-}3）$$

　　使用同样的方法可以得到 1990～1995 年、1996～2003 年与 2005～2007 年各年工业分行业从业人员的平均受教育年限的增长率。[①]根据增长率与起始年份的数据，就可以计算出 1985～2007 年工业分行业的人力资本数据。

　　表 5-7 是不同年份工业行业从业人员教育结构变化情况。

表 5-7　代表年份工业产业部门从业人员教育结构变化

受教育程度	采矿业					制造业					公用事业				
	1982年	1990年	1995年	2000年	2005年	1982年	1990年	1995年	2000年	2005年	1982[*]年	1990年	1995年	2000年	2005年
小学及以下/%	0.466	0.314	0.297	0.234	0.213	0.373	0.245	0.234	0.179	0.180	0.252	0.139	0.100	0.060	0.055
初中/%	0.360	0.479	0.494	0.502	0.514	0.404	0.487	0.500	0.536	0.558	0.423	0.426	0.399	0.341	0.307
高中、中专/%	0.163	0.186	0.179	0.215	0.204	0.207	0.233	0.221	0.228	0.198	0.296	0.372	0.401	0.436	0.382
大专及以上/%	0.011	0.021	0.031	0.049	0.069	0.016	0.034	0.045	0.058	0.064	0.029	0.063	0.100	0.163	0.256
平均受教育年限/年	8.062	8.836	8.733	9.086	9.353	8.469	9.193	9.171	9.358	9.410		9.952	10.510	10.842	11.586

资料来源：1982 年、1990 年、2000 年的数据分别根据相应年份的《中国人口普查资料》中的数据计算得到，1995 年与 2005 年的数据分别根据当年《全国 1% 人口抽样调查资料》中的数据计算得到。平均受教育年限根据相应年份统计数据计算得到，其中，设定文盲半文盲、小学、初中、高中、大专、大学本科、研究生所受教育年限分别为 3 年、6 年、9 年、12 年、15 年、16 年和 19 年

*表示 1982 年的人口普查资料中没有对公用事业从业人员文化程度的统计，因此，该年度平均受教育年限数据缺失

　　从表 5-7 可以看出，工业的三个产业部门从业人员的平均受教育水平不断提

---

　　① Wang 和 Yao（2003）仅给出了 1952～1999 年全国水平上的人力资本存量，本书使用相同的方法（永续盘存法）补齐 2000～2007 年的数据。

高，采矿业的平均受教育年限从 1982 年的 8.062 年提高到 2005 年的 9.353 年，平均增长幅度为 0.648%；制造业从业人员的平均受教育年限由 8.469 年提高到 9.410 年，平均增长幅度为 0.5%；公用事业从业人员的平均受教育年限由 1990 年的 9.952 年提高到 2005 年的 11.586 年，平均增长幅度为 1.02%。[①]平均受教育年限的提高主要源于从业人员中小学以下学历人员所占比例的下降与初中及以上学历人员所占比例的上升。例如，在采矿业行业中，小学以下学历人员所占比例从 1982 年的 46.6%下降到 2005 年的 21.3%，下降了 25.3 个百分点，相应地，初中及以上学历人员所占比例则从 53.4%上升到 78.7%。制造业从业人员中，小学以下学历人员的比例由 1982 年的 37.3%下降到 2005 年的 18%，而初中及以上人员比例则由 62.7%上升到 82%，在公用事业业从业人员中，小学以下学历人员的比例由 1982 年的 25.2%下降到 2005 年的 0.55%。

　　另外，从平均受教育年限来看，采矿业平均受教育程度最低，其次是制造业，公用事业的平均受教育年限最高。例如，在 2005 年，采矿业、制造业与公用事业中的从业人员的平均受教育年限分别为 9.353 年、9.41 年、11.586 年。但部门之间平均受教育年限的差距变动不同步，采矿业和制造业的差距在 1982～1990 年由 0.407 年缩小到 0.357 年，在 1995～2005 年由 0.438 年减小到 0.057 年。而制造业和采矿业与公用事业的差距则呈现出不断扩大的趋势，例如，制造业与公用事业从业人员平均受教育年限的差距在 1990 年、1995 年、2000 年、2005 年的差距分别为 0.76 年、1.34 年、1.48 年、2.18 年，采矿业与公用事业在相应年份的差距分别为 1.12 年、1.78 年、1.76 年、2.23 年。从不同产业部门平均受教育年限差距的变动中可以看出，人力资本更多地流向了公用事业部门。

5.2　估计方法与实证结果

5.2.1　估计方法

　　将式（3-15）写成计量回归模型：

$$\ln Y_{it} = \alpha_0 + D_i + \alpha_1 t + \frac{1}{2}\alpha_2 t^2 + \alpha_3 \ln K_{it} + \alpha_4 (\ln L_{it} + \ln H_{it}) + \frac{1}{2}\alpha_5 (\ln K_{it})^2$$
$$+ \frac{1}{2}\alpha_6 (\ln L_{it} + \ln H_{it})^2 + \frac{1}{2}\alpha_7 \ln K_{it}(\ln L_{it} + \ln H_{it}) + \alpha_8 t \ln K_{it} \qquad （5\text{-}4）$$
$$+ \alpha_9 t(\ln L_{it} + \ln H_{it}) + \varepsilon_{it}$$

---

　　① 在《中国 1982 年人口普查资料》第 460 页表 64 对各行业人口的文化程度的统计中，没有电力、燃气及水的供应业的统计数据，因此，对该大类的统计从 1990 年开始。

其中，α_i 为待估计参数，t 为时间趋势项，D_i 为行业 i 的个体效应。在对式（5-4）进行估计之前，先运用 F 统计量检验个体效应是否存在，原假设 H_0 为

$$对于 \forall i，\quad D_i = 0 \tag{5-5}$$

如果通过了个体效应检验，接下来需要运用 Hausman 检验选择面板数据的估计方法，即选择使用固定效应模型（fixed effect model）还是随机效应模型（random effect model）。

在对式（5-4）进行面板数据回归后，进一步检验模型设定的合理性。首先，对超越对数生产函数和 C-D 生产函数进行比较，原假设 H_0 为

$$\alpha_2 = \alpha_5 = \alpha_6 = \alpha_7 = \alpha_8 = \alpha_9 = 0 \tag{5-6}$$

H_0 成立意味着 C-D 生产函数优于超越对数生产函数。

其次，检验技术进步是否存在，原假设 H_0 为

$$\alpha_1 = \alpha_2 = \alpha_8 = \alpha_9 = 0 \tag{5-7}$$

该原假设成立即意味着不存在技术进步。式（5-6）及式（5-7）的检验均可以通过 F 检验完成。

得到式（5-4）各参数的估计值后，就可以根据式（3-16）和式（3-17）估计资本产出弹性及有效劳动产出弹性。根据式（3-18）并使用要素的产出弹性就可以核算工业行业的全要素生产率，并进一步核算出各要素对产出增长的贡献度。

5.2.2　中国工业行业要素产出弹性与全要素生产率增长率

1. 计量结果

对式（5-4）进行回归，回归结果见表 5-8。

表 5-8　超越对数生产函数固定效应模型估计结果

解释变量	系数	解释变量	系数
常数项	−3.523 4***	$0.5 \ln K (\ln L + \ln H)$	−0.137 3***
	(−5.241 6)		(−2.949 2)
t	−0.155 0**	$0.5(\ln K)^2$	0.037 4*
	(−7.324 4)		(1.826 6)
$0.5t^2$	0.004 1***	$0.5(\ln L + \ln H)^2$	0.017
	(12.009 5)		(0.607 4)
$\ln K$	1.209 3**	$t \ln K$	−0.021 6***
	(6.396 9)		(−5.197 5)

续表

解释变量	系数	解释变量	系数
$\ln L + \ln H$	0.769 7***	$t(\ln L + \ln K)$	0.033 3***
	（3.268 1）		（7.525 8）
样本容量	827	个体效应标准差	0.469 1
组数	36	随机误差项标准差	0.255 1
每组观测数	23		

1. 拟合优度：调整 $R^2 = 0.952\ 7$，总体显著性检验：$F = 1\ 644.53$，$p = 0.000\ 0$
2. 个体效应检验（H_0：所有个体效应同时等于零）：$F(35\ 782) = 73.02$，$p = 0.000\ 0$
3. 固定效应与随机效应模型设定的 Hausman 检验：$\chi^2(9) = 31.734$，$p(\chi^2 > 31.734) = 0.000\ 2$
4. 超越对数生产函数与 C-D 生产函数检验：$F(6\ 782) = 98.88$，$p = 0.000\ 0$
5. 对存在技术进步检验：$F(4.782) = 276.53$，$p = 0.000\ 0$

注：括号中的数字表示 t 统计量

*表示在 10%水平上显著，**表示在 5%水平上显著，***表示在 1%水平上显著

根据表 5-8，对式（5-6）的原假设进行检验，模型的 F 统计量的值为 98.88，其对应的 p 值为零表明 C-D 生产函数优于超越对数生产函数的原假设被拒绝。这显示出本书所设定的超越对数生产函数模型是合理的。个体效应检验结果拒绝了工业行业之间不存在个体效应的原假设，这表明工业行业之间存在异质性。Hausman 检验进一步表明，对式（5-4）应该采用面板数据的固定效应模型估计法。不存在技术进步的原假设的 F 统计量的值为 276.53，该假设也被显著拒绝，这表明我国工业行业存在技术进步。

表 5-8 中的实证结果表明，本书所设定的中国工业行业超越对数生产函数模型具有良好的统计特征。方程总体的拟合优度达到 0.9527，除参数 α_6 不显著外，其余各参数的估计值均在 1%～10%的水平上显著。

根据表 5-8 中的参数估计值及式（3-16）、式（3-17）和式（3-18），就可以计算工业行业的全要素生产率增长率及各要素对行业产出增长的贡献度。

2. 工业行业要素产出弹性与全要素生产率增长率

表 5-9 是计算得到的工业行业要素产出弹性及全要素生产率增长率。

表 5-9　中国工业行业要素产出弹性与全要素生产率增长率（1985～2007 年）

工业行业	资本产出弹性	有效劳动产出弹性	全要素生产率增长率
煤炭开采和洗选业	0.272	0.526	0.065
石油和天然气开采业	0.528	0.461	−0.057
黑色金属矿采选业	0.418	0.803	0.050
有色金属矿采选业	0.414	0.726	0.051

续表

工业行业	资本产出弹性	有效劳动产出弹性	全要素生产率增长率
非金属矿采选业	0.324	0.707	0.044
农副食品加工业	0.314	0.577	0.050
食品制造业	0.346	0.656	0.049
饮料制造业	0.374	0.628	0.068
烟草制品业	0.538	0.699	0.040
纺织业	0.228	0.525	0.072
纺织服装、鞋、帽制造业	0.240	0.690	0.065
皮革、毛皮、羽毛（绒）及其制品业	0.292	0.749	0.080
木材加工及木、竹、藤、棕、草制品业	0.328	0.737	0.082
家具制造业	0.349	0.804	0.061
造纸及纸制品业	0.336	0.632	0.062
印刷业和记录媒介的复制	0.334	0.732	0.079
文教体育用品制造业	0.319	0.842	0.038
石油加工、炼焦及核燃料加工业	0.497	0.550	−0.068
化学原料及化学制品制造业	0.314	0.483	0.084
医药制造业	0.383	0.665	0.066
化学纤维制造业	0.517	0.615	0.034
橡胶制品业	0.372	0.720	0.019
塑料制品业	0.314	0.641	0.068
非金属矿物制品业	0.209	0.516	0.074
黑色金属冶炼及压延加工业	0.368	0.465	0.062
有色金属冶炼及压延加工业	0.411	0.599	0.043
金属制品业	0.287	0.598	0.085
通用设备制造业	0.240	0.571	0.106
专用设备制造业	0.273	0.615	0.101
交通运输设备制造业	0.297	0.552	0.113
电气机械及器材制造业	0.282	0.609	0.090
通信设备、计算机及其他电子设备制造业	0.323	0.600	0.114
仪器仪表及文化、办公用机械制造业	0.347	0.757	0.057
电力、热力的生产和供应业	0.479	0.348	0.029
燃气生产和供应业	0.589	0.727	−0.039
水的生产和供应业	0.528	0.628	0.017
平均值	0.361	0.632	0.0543

资料来源：根据表 5-8 及式（3-16）、式（3-17）和式（3-18）计算得到

注：要素产出弹性与全要素生产率均为各工业行业 1985～2007 年的平均值

1）工业行业要素产出弹性

表 5-9 的数据显示，在 1985～2007 年，工业行业的资本产出弹性分布在 0.209 到 0.589 的区间内，有效劳动产出弹性分布在 0.348 到 0.842 的区间上。行业平均

资本产出弹性为 0.361，有效劳动产出弹性为 0.632。工业行业平均要素产出弹性合计为 0.993。这表明中国工业大体上表现出规模报酬不变特征。

从工业产业部门的角度来看（表 5-10），采矿业的资本产出弹性为 0.391，劳动产出弹性为 0.645，要素产出弹性合计为 1.036，该产业部门表现出规模报酬递增的特征。制造业的资本产出弹性为 0.337，劳动产出弹性为 0.637，要素产出弹性合计为 0.974，该产业部门表现出规模报酬递减的特征。公用事业部门的资本产出弹性最高，达到 0.532，其劳动产出弹性低于采矿业的和制造业，为 0.568，要素产出弹性合计为 1.1，这显示出规模报酬递增的特征。在制造业内部，劳动密集型产业部门的要素产出弹性合计为 1.026，资本密集型产业部门的要素产出弹性合计为 0.932，技术密集型产业部门的要素产出弹性合计为 0.93。劳动密集型产业表现出规模报酬递增的特征，而技术密集型产业与资本密集型产业则表现出要素报酬递减的特征。

表 5-10　中国工业要素产出弹性与全要素生产率增长率的产业部门特征（1985～2007 年）

产业部门	资本产出弹性	劳动产出弹性	全要素生产率年均增长率
采矿业	0.391	0.645	0.031
制造业	0.337	0.637	0.064
劳动密集型产业	0.345	0.681	0.061
资本密集型产业	0.357	0.575	0.036
技术密集型产业	0.306	0.624	0.092
公用事业	0.532	0.568	0.002

资料来源：根据表 5-9 整理得到

具体到各工业行业，资本产出弹性最大的五个行业分别为燃气生产和供应业（0.589）、烟草制品业（0.538）、石油和天然气开采业（0.528）、水的生产和供应业（0.528）、化学纤维制造业（0.517），这其中有四个行业属于垄断性行业。资本产出弹性最小的五个行业分别是非金属矿物制品业（0.209），纺织业（0.228），通用设备制造业（0.24），纺织服装、鞋、帽制造业（0.24），以及煤炭开采和洗选业（0.272）。

劳动产出弹性最大的五个行业分别为文教体育用品制造业（0.842），家具制造业（0.804），黑色金属矿采选业（0.803），仪器仪表及文化、办公用机械制造业（0.757），以及皮革、毛皮、羽毛（绒）及其制品业（0.749）。这五个行业中有三个属于劳动密集型产业，其余两个行业分属于技术密集型产业和采矿业。劳动产出弹性最小的五个行业分别为电力、热力的生产和供应业（0.348），石油和天然气开采业（0.461），黑色金属冶炼及压延加工业（0.465），化学原料及化学制品制造业（0.483），以及非金属矿物制品业（0.516）。

另外，本书核算的行业平均要素产出弹性随时间变化表现出动态变化的特征：资本产出弹性逐渐减小，而劳动产出弹性随时间的增加而增加（表 5-11）。

表 5-11　行业平均要素产出弹性随时间动态变化趋势

年份	资本产出弹性	劳动产出弹性	年份	资本产出弹性	劳动产出弹性
1985	0.543	0.450	1997	0.331	0.646
1986	0.533	0.453	1998	0.322	0.664
1987	0.506	0.475	1999	0.316	0.685
1988	0.499	0.471	2000	0.303	0.709
1989	0.477	0.498	2001	0.286	0.733
1990	0.457	0.523	2002	0.270	0.753
1991	0.432	0.547	2003	0.253	0.770
1992	0.412	0.571	2004	0.248	0.782
1993	0.392	0.584	2005	0.224	0.793
1994	0.372	0.601	2006	0.206	0.799
1995	0.367	0.615	2007	0.191	0.807
1996	0.346	0.629	历年平均	0.360	0.633

资料来源：同表 5-9

　　根据经济学的基本原理，在规模报酬不变的条件下，要素的边际产出取决于要素投入比例（也即资本劳动比）。表 5-11 中的要素产出弹性显示，在 1985～2007 年，我国工业的要素报酬之和近似于 1，也即大体上满足规模报酬不变的条件。基于此，在要素边际报酬递减的作用下，资本产出弹性的下降一定与同一时期资本劳动比的上升相对应。相应地，有效劳动产出弹性的上升则与单位劳动力所结合的资本数量提高有关。图 5-2 描述了 1985～2007 年我国资本产出弹性、劳动产出弹性与资本劳动比的动态变动趋势。

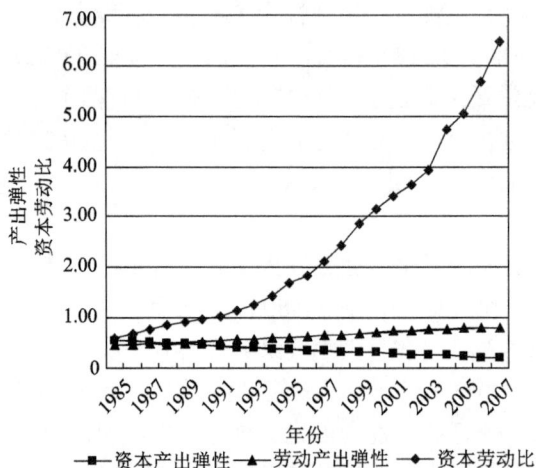

图 5-2　要素产出弹性与资本劳动比例变动情况（1985～2007 年）

　　图 5-2 显示，在 1985～2007 年，我国单位劳动所结合的资本出现了快速上升。与此相对应的是，资本产出弹性的持续下降和劳动产出弹性的上升，这也验证了

本书的实证结论。

2）工业行业全要素生产率增长率

表 5-9 列出了 1985～2007 年工业行业的全要素生产率增长率。表中数据显示，全部工业口径下工业行业平均的全要素生产率增长率为 5.43%，这一结果高于第 4 章利用总量数据核算得到的全要素生产率增长率为 3.44% 的结论。原因在于利用分行业数据核算时，不同的行业使用了不同的产出平减指数、折旧率、固定资产平减指数等能够充分反映行业之间异质性的数据指标。同时，根据各行业技术进步的特征估算的全要素生产率更加可靠准确。因为它充分考虑了行业增长的异质性，这也是本书使用行业面板数据和分行业超越对数生产函数进行分析的目的所在。

图 5-3 描绘了行业平均全要素生产率增长率，以及行业加权平均全要素生产率增长率在 1985～2007 年随时间的波动情况。[①]图中显示，1986～1991 年工业行业平均及加权平均的全要素生产率增长率除 1998 年为 0 外，其余均为负值。其中，1986 年负的全要素生产率增长率最大。在 1996 年以后全要素生产率开始表现出稳定增长的态势，在此期间，行业加权平均全要素生产率增长率最高的是在 1999 年，为 17.2%，全要素生产率增长率最小的是在 1998 年，为 8.2%。

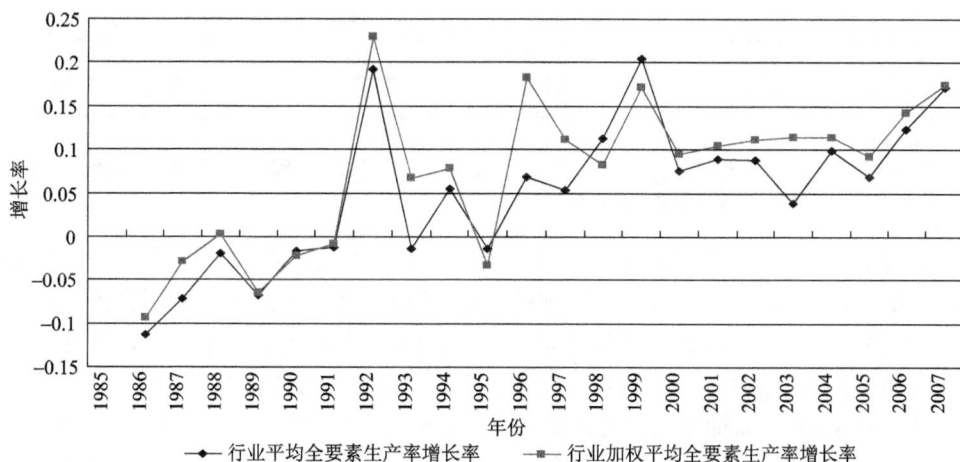

图 5-3　时间序列全要素生产率增长率动态变化

表 5-12 列出了不同学者对中国工业全要素生产率增长率的核算结果。比较发现，本书的结论小于陈诗一（2009）对 1980～2006 年对工业行业核算的 6.36% 的结论，但高于任若恩和孙琳琳（2009）、李胜文和李大胜（2008）等其他学者核算的工业行业生产率增长率结论。出现差异，一方面是由于不同研究中采用数据的统计口径不同，以及数据的处理方法存在差异。另一方面则是源于估计方法的

---

① 权数为相应工业行业的不变价工业增加值。

不同。有的文献如李小平和朱钟棣（2005）对生产函数施加了较严格的限制，有的核算如任若恩和孙琳琳（2009）没有体现出产出弹性随时间的动态变化。本书统一了核算数据的口径，并且核算方法既反映了工业行业之间的截面异质性，同时又反映了行业产出弹性在时间上的动态变化，因此本书核算的结论更加符合我国工业行业的实际。

表 5-12　对工业行业全要素生产率核算的不同结果　　　　　　单位：%

作者	核算口径	时期	全要素生产率增长率
本书	全部工业口径下工业行业	1985～2007 年	5.43（6.1）
陈诗一（2009）	全部工业口径下工业行业	1980～2006 年	6.36
任若恩和孙琳琳（2009）	全部工业口径全部行业	1981～1984 年	2.46
		1984～1988 年	2.48
		1989～1994 年	1.40
		1994～2000 年	0.79
李胜文和李大胜（2008）	规模以上工业行业	1986～1987 年	1.45
		1988～1995 年	3.54
		1996～2002 年	0.06
		2003～2005 年	0.27
陈勇和李小平（2007）	数据口径不详，工业行业	1985～2003 年	2.3
李小平和朱钟棣（2005）	数据口径不详，制造业各行业	1986～2002 年	0.83

资料来源：作者整理

注：括号中的数据是在本书的样本中不包括石油和天然气开采业，以及石油加工、炼焦及核燃料加工业这两个行业的异常值后的中国工业全要素生产率增长率

对于具体行业，全要素生产率增长最快的五个行业分别为通信设备、计算机及其他电子设备制造业（11.4%）、交通运输设备制造业（11.3%）、通用设备制造业（10.6%）、专用设备制造业（10.1%）、电气机械及器材制造业（9%），这五个行业均属于技术密集型产业。增长最慢的五个行业分别为石油加工、炼焦及核燃料加工业（−6.8%）、石油和天然气开采业（−5.7%）、燃气生产和供应业（−3.9%）、水的生产和供应业（1.7%）、橡胶制品业（1.9%）。这五个行业中有四个属于垄断性行业，橡胶制品业属于资本密集型产业。图 5-4 是各工业行业在 1985～2007 年的全要素生产率增长率分布状况。

表 5-10 还列出了工业不同产业部门的全要素生产率增长率。其中，采矿业的全要素生产率年均增长率为 3.06%，制造业的为 6.4%，公用事业的为 0.2%。在制造业内部，劳动密集型产业的全要素生产率增长率为 6.1%，资本密集型产业的全要素生产率增长率最小，仅为 3.6%，技术密集型产业的全要素生产率增长率最大，为 9.2%。本书的实证结果与李胜文和李大胜（2008）的实证结果相符，他们的研究同样发现，资本密集型产业的全要素生产率增长较慢。

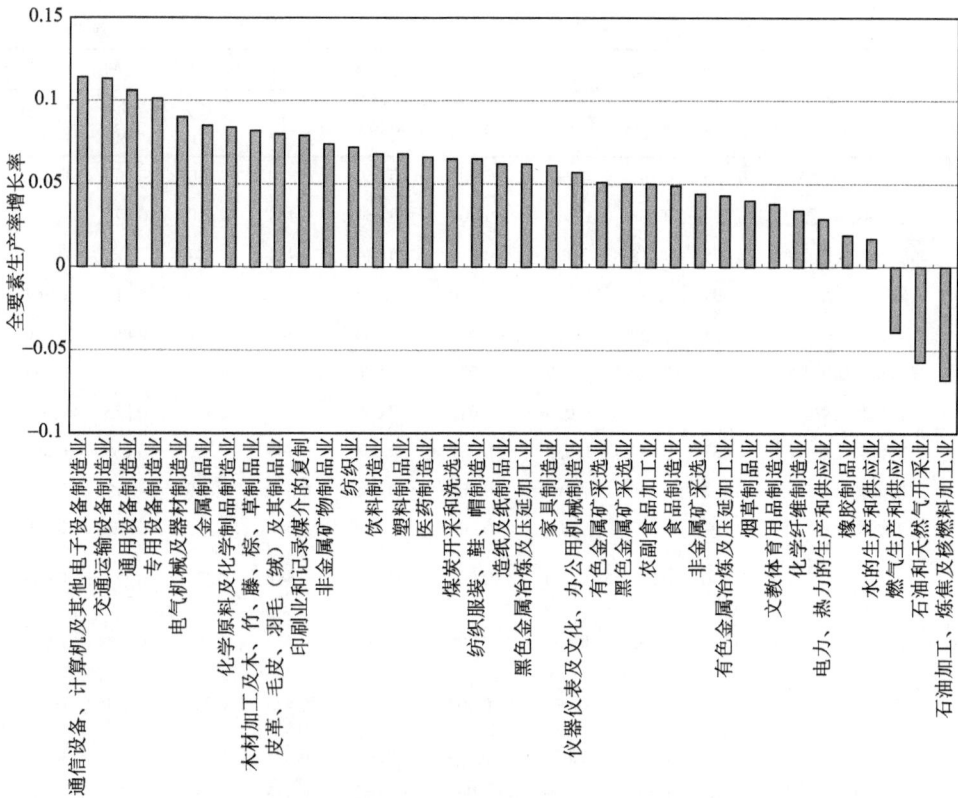

图 5-4　工业行业的全要素生产率增长率平均数（1985～2007 年）

　　单独对垄断性行业的核算发现，垄断性行业的全要素生产率增长率为-1.3%。垄断性行业的负增长拉低了工业整体的全要素生产率增长率。

5.2.3　中国工业行业增长因素分析

　　根据工业行业的要素产出弹性和全要素生产率的数据及式（3-11）～式（3-14）就可以计算工业行业产出增长的要素贡献度。

　　表 5-13 列出了 1985～2007 年工业各行业的投入产出增长率、全要素生产率增长率及各要素贡献度的计算结果。

表 5-13　工业行业产出增长要素贡献度（1985～2007 年）

工业行业	工业增加值增长率	固定资本存量增长率	劳动投入增长率	人力资本存量增长率	全要素生产率增长率	各要素贡献度/%			
						全要素生产率	固定资本存量	劳动投入	人力资本存量
煤炭开采和洗选业	0.096	0.092	0.003	0.008	0.065	0.674	0.261	0.018	0.046
石油和天然气开采业	0.041	0.135	0.044	0.014	−0.057	−1.390	1.735	0.499	0.156

续表

工业行业	工业增加值增长率	固定资本存量增长率	劳动投入增长率	人力资本存量增长率	全要素生产率增长率	各要素贡献度/%			
						全要素生产率	固定资本存量	劳动投入	人力资本存量
黑色金属矿采选业	0.156	0.161	0.041	0.008	0.050	0.320	0.430	0.209	0.041
有色金属矿采选业	0.108	0.108	0.011	0.008	0.051	0.468	0.410	0.071	0.051
非金属矿采选业	0.095	0.148	−0.009	0.014	0.044	0.464	0.504	−0.069	0.100
采矿业平均	**0.099**	**0.129**	**0.018**	**0.010**	**0.031**	**0.309**	**0.508**	**0.117**	**0.067**
采矿业平均*	**0.114**	**0.127**	**0.012**	**0.010**	**0.053**	**0.482**	**0.401**	**0.057**	**0.060**
农副食品加工业	0.117	0.160	0.019	0.011	0.050	0.424	0.428	0.093	0.054
食品制造业	0.121	0.161	0.015	0.011	0.049	0.400	0.458	0.083	0.059
饮料制造业	0.137	0.146	0.013	0.011	0.068	0.495	0.397	0.059	0.049
烟草制品业	0.114	0.140	−0.010	0.009	0.040	0.348	0.658	−0.063	0.056
纺织业	0.104	0.122	0.005	0.004	0.072	0.688	0.267	0.025	0.019
纺织服装、鞋、帽制造业	0.146	0.206	0.038	0.007	0.065	0.447	0.339	0.181	0.033
皮革、毛皮、羽毛（绒）及其制品业	0.177	0.183	0.054	0.005	0.080	0.453	0.301	0.226	0.019
木材加工及木、竹、藤、棕、草制品业	0.172	0.185	0.033	0.008	0.082	0.475	0.353	0.140	0.033
家具制造业	0.157	0.190	0.028	0.009	0.061	0.387	0.423	0.144	0.046
造纸及纸制品业	0.131	0.152	0.019	0.009	0.062	0.473	0.389	0.092	0.045
印刷业和记录媒介的复制	0.144	0.143	0.018	0.006	0.079	0.547	0.331	0.093	0.029
文教体育用品制造业	0.151	0.172	0.062	0.007	0.038	0.253	0.364	0.344	0.040
石油加工、炼焦及核燃料加工业	0.027	0.138	0.041	0.008	−0.068	−2.473	2.491	0.825	0.157
化学原料及化学制品制造业	0.137	0.127	0.019	0.008	0.084	0.612	0.292	0.067	0.030
医药制造业	0.165	0.166	0.044	0.010	0.066	0.397	0.386	0.178	0.039
化学纤维制造业	0.112	0.110	0.030	0.005	0.034	0.300	0.506	0.165	0.029
橡胶制品业	0.095	0.149	0.021	0.007	0.019	0.198	0.587	0.159	0.056
塑料制品业	0.153	0.184	0.035	0.008	0.068	0.443	0.377	0.145	0.035
非金属矿物制品业	0.111	0.145	0.001	0.011	0.074	0.668	0.273	0.006	0.053
黑色金属冶炼及压延加工业	0.118	0.122	0.013	0.011	0.062	0.523	0.380	0.053	0.044
有色金属冶炼及压延加工业	0.126	0.132	0.039	0.009	0.043	0.342	0.429	0.184	0.044
金属制品业	0.154	0.187	0.016	0.010	0.085	0.549	0.348	0.064	0.040
通用设备制造业	0.142	0.116	0.006	0.008	0.106	0.750	0.197	0.023	0.031
专用设备制造业	0.132	0.098	0.000	0.008	0.101	0.764	0.202	−0.002	0.035

续表

工业行业	工业增加值增长率	固定资本存量增长率	劳动投入增长率	人力资本存量增长率	全要素生产率增长率	各要素贡献度/%			
						全要素生产率	固定资本存量	劳动投入	人力资本存量
交通运输设备制造业	0.171	0.131	0.028	0.008	0.113	0.658	0.226	0.091	0.025
电气机械及器材制造业	0.159	0.147	0.040	0.006	0.090	0.565	0.261	0.152	0.022
通信设备、计算机及其他电子设备制造业	0.217	0.171	0.073	0.007	0.114	0.526	0.254	0.201	0.019
仪器仪表及文化、办公用机械制造业	0.134	0.138	0.033	0.006	0.057	0.423	0.357	0.187	0.032
制造业平均	**0.137**	**0.151**	**0.026**	**0.008**	**0.064**	**0.469**	**0.372**	**0.122**	**0.038**
制造业平均*	**0.141**	**0.151**	**0.026**	**0.008**	**0.069**	**0.485**	**0.362**	**0.114**	**0.038**
电力、热力的生产和供应业	0.115	0.143	0.038	0.011	0.029	0.254	0.597	0.115	0.033
燃气生产和供应业	0.102	0.175	0.046	0.008	−0.040	−0.397	1.012	0.328	0.058
水的生产和供应业	0.131	0.143	0.051	0.011	0.017	0.126	0.575	0.246	0.052
公用事业平均	**0.116**	**0.154**	**0.045**	**0.01**	**0.002**	**−0.006**	**0.728**	**0.230**	**0.048**
全部工业平均	**0.130**	**0.148**	**0.027**	**0.009**	**0.054**	**0.415**	**0.411**	**0.131**	**0.044**
全部工业平均*	**0.135**	**0.149**	**0.026**	**0.008**	**0.061**	**0.442**	**0.399**	**0.118**	**0.041**

资料来源：根据表 5-9 及式（3-11）～式（3-14）计算得到

*表示不包括石油和天然气开采业，以及石油加工、炼焦及核燃料加工业这两个行业的异常值；加粗字体表示该类下的各项平均值

表 5-13 的数据显示，在 1985～2007 年，我国工业行业平均的不变价工业增加值增长率为 13%，其中，全要素生产率增长率的贡献度为 41.5%，人力资本的贡献度为 4.4%，资本投入的贡献度为 41.1%，劳动投入的贡献度为 13.1%。总的来看，智力要素的贡献度合计为 45.9%，初级要素投入的贡献度为 54.2%。虽然初级要素投入仍然是推动工业产出增长的首要因素，但智力要素也发挥了重要的作用。

如果剔除石油和天然气开采业与石油加工、炼焦及核燃料加工业两个行业的异常值后，全要素生产率增长率的贡献度上升到 44.2%，人力资本的贡献度变为 4.1%，资本投入的贡献度下降到 39.9%，劳动投入的贡献度下降到 11.8%。也就是说，剔除异常值后，智力要素对产出增长的贡献度上升到 48.3%，而初级要素投入的贡献度下降到 51.7%。

图 5-5 描绘了部分工业各分行业产出增长中智力要素与初级要素的贡献度（图中没有标出智力要素对产出贡献度为负的行业）。从图中可以看出，在 1985～2007 年，智力要素对产出增长贡献最大的前五个行业分别为专用设备制造业（79.9%）、通用设备制造业（78.1%）、非金属矿物制品业（72.1%）、煤炭开采和洗选业（72%）、纺织业（70.7%）。相应地，这五个行业同时也是初级要素贡献度最小的行业。智力要素对产出增长贡献度为负的行业有三个，分别为石油加工、炼焦及核燃料加工业、石油和天然气开采业、燃气的生产供应业，这三个行业均属于垄断性行业。

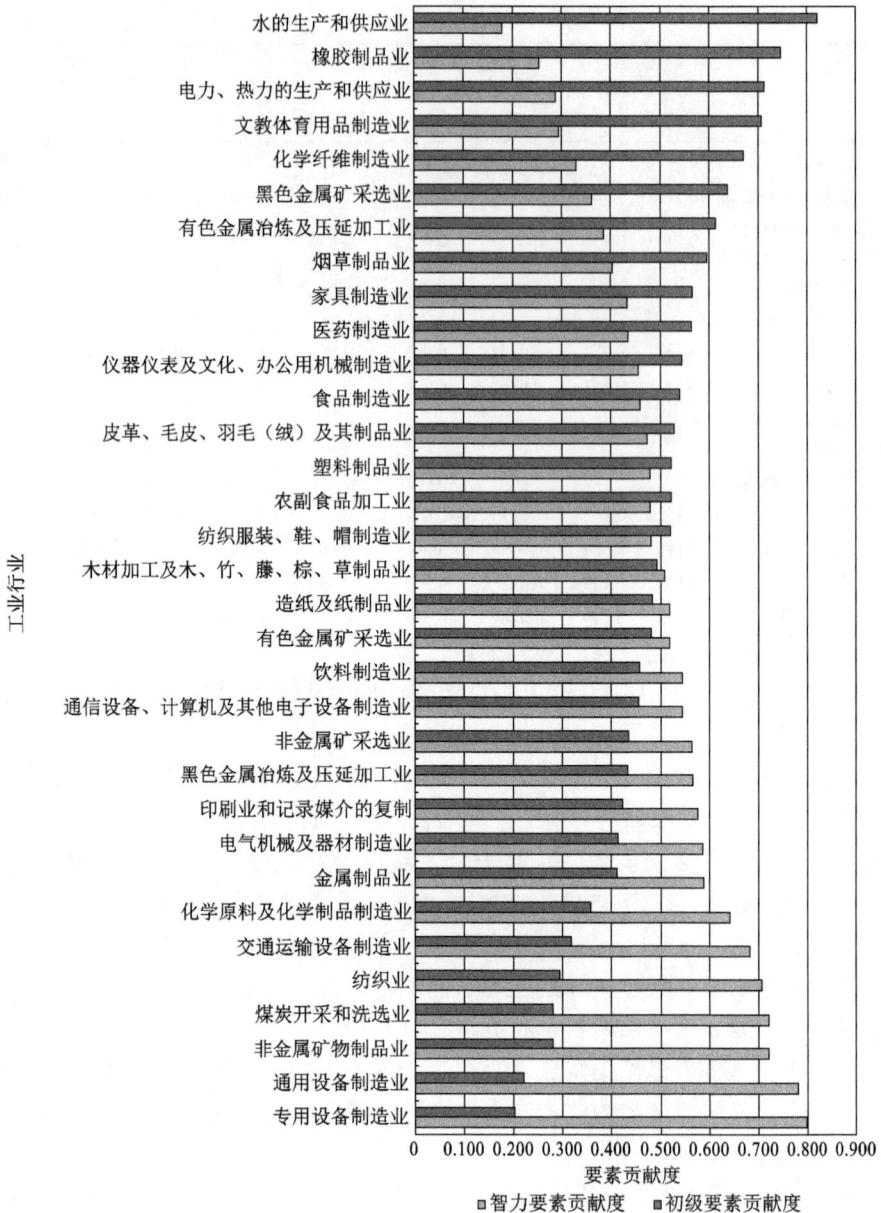

图 5-5　工业行业智力要素与初级要素对产出增长的贡献度（1985～2007 年）

　　智力要素对产出增长的贡献度大于初级要素对产出增长的贡献度的行业共有17 个，占全部行业的 47.2%。这些行业主要分布于技术密集型产业和劳动密集型产业，表现出集约型增长态势。在另外 19 个行业的产出增长中初级要素投入的贡献度更大，表现为粗放型增长。行业增长方式的差异也凸显了本书采用面板数据和行业生产函数的必要性。

从产业部门角度来看，采矿业行业平均的不变价工业增加值增长率为 9.9%。其中，全要素生产率增长率对采矿业产出增长的贡献度为 30.9%，人力资本的贡献度为 6.7%，资本投入的贡献度为 50.8%，劳动投入的贡献度为 11.7%。在采矿业中智力要素对产出增长的贡献度合计为 37.6%，初级要素投入的贡献度合计 62.5%。初级要素投入对推动采矿业产出的增长占绝对的主导地位，这表明该产业整体上表现为粗放式增长。

剔除石油和天然气开采业的异常值后，全要素生产率增长率对采矿业产出增长的贡献度提高到 48.2%，人力资本的贡献度为 6%，资本投入的贡献度变为 40.1%，劳动投入的贡献度变为 5.7%。智力要素投入对产出的贡献度合计得到 54.2%，超过了初级要素投入的贡献度（45.8%）8.4 个百分点。

制造业部门行业平均的不变价工业增加值增长率为 13.7%，全要素生产率增长率的贡献度为 46.9%，人力资本的贡献度为 3.8%，资本投入的贡献度为 37.2%，劳动力投入的贡献度为 12.2%。在制造业中智力要素对产出增长的贡献度合计为 50.7%，初级要素投入的贡献度为 49.4%。智力要素的贡献度已经超过了初级要素投入的贡献度，智力要素成为推动制造业产出增长的首要因素，制造业整体表现为集约型增长。

剔除石油加工、炼焦及核燃料加工业的异常值后，全要素生产率增长率对制造业产出增长的贡献度达到 48.5%，资本投入、劳动投入和人力资本的贡献度分别为 36.2%、11.4% 和 3.8%。智力要素投入的贡献度为 52.3%，初级要素投入的贡献度为 47.6%。智力要素的贡献度超过初级要素投入的贡献度 4.7 个百分点。

从制造业的三个产业部门来看（表 5-14），劳动密集型产业行业平均的不变价工业增加值增长率为 13.8%，其中，贡献度最大的是全要素生产率增长率，其贡献度为 43.8%，其次是资本投入，其贡献度为 39.9%，劳动投入的贡献度为 12.3%，人力资本的贡献度为 3.9%。智力要素对劳动密集型产出增长的贡献合计为 47.7%，初级要素投入的贡献度为 52.2%。在劳动密集型产业中，智力要素与初级要素投入的贡献度大体相当。

表 5-14　制造业三个产业部门及垄断性行业的要素贡献度（1985～2007 年）

产业部门	工业增加值增长率	固定资本存量增长率	劳动投入增长率	人力资本存量增长率	全要素生产率增长率	各要素贡献度/%			
						全要素生产率	固定资本存量	劳动投入	人力资本存量
劳动密集型产业	0.138	0.161	0.026	0.008	0.061	0.438	0.399	0.123	0.039
资本密集型产业	0.105	0.146	0.022	0.009	0.036	0.341	0.480	0.137	0.042
技术密集型产业	0.160	0.138	0.032	0.008	0.092	0.583	0.269	0.119	0.029
垄断性行业	0.088	0.146	0.035	0.010	−0.013	−0.149	0.852	0.235	0.062

资料来源：根据表 5-13 计算得到

　　资本密集型产业行业平均的产出增长率为 10.5%，在制造业三个产业部门中增长最慢。其中，资本投入对产出增长的贡献度最大，为 48%，其次是全要素生产率增长率，其贡献度为 34.1%，劳动投入的贡献度为 13.7%，人力资本的贡献度为 4.2%。对于资本密集型产业部门，初级要素投入的贡献度为 61.7%，远远大于智力要素的贡献度 38.3%，资本密集型产业表现为粗放式增长。

　　技术密集型产业部门的不变价工业增加值增长率最高，为 16%。对技术密集型产业产出增长贡献度最大的为全要素生产率增长率，其贡献度达到 58.3%，其次是资本投入，其贡献度为 26.9%。劳动投入的贡献度为 11.9%，人力资本的贡献度为 2.9%。对于技术密集型产业，智力要素对产出增长的贡献度合计为 61.2%，远远高于初级要素投入的贡献度 38.8%，技术密集型产业表现为集约型增长。

　　公用事业部门不变价工业增加值增长率为 11.6%，对其产出增长贡献最大的是资本投入，其贡献度为 72.8%，其次是劳动投入的贡献度，为 23%。人力资本的贡献度为 4.8%，全要素生产率增长率对产出几乎没有贡献。公用事业部门表现出典型的粗放式增长。

　　另外，由单独对垄断性行业进行的生产核算发现，垄断性行业平均产出增长率为 8.8%，其中，全要素生产率增长率的贡献度为–14.9%，资本投入的贡献度高达 85.2%，劳动投入的贡献度为 23.5%，人力资本的贡献度为 6.2%。智力要素的贡献度合计为–8.7%，初级要素投入的贡献度达到 108.7%。垄断性行业的产出增长完全依靠初级要素的大量投入，表现为典型的粗放式增长。

　　实证结果表明，要推动工业整体增长方式的转变，实现可持续增长，必须切实提高公用事业、资本密集型行业、采矿业等产业部门的创新能力和技术进步水平。另外，加快对垄断性行业的改革已经成为转变工业增长方式的重中之重。

5.3　小　　结

　　研究工业行业的全要素生产率增长率与增长因素是分析中国工业增长方式的重要方面。首先，整理出 1985～2007 年中国 36 个两位数工业行业全部工业口径下的投入产出数据。然后，利用工业行业面板数据及无任何强约束的超越对数生产函数估计了 1985～2007 年工业分行业的要素产出弹性和全要素生产率增长率，在此基础上进一步核算了工业行业产出增长因素。

　　本书的实证研究发现，在 1985～2007 年，我国工业在整体上表现为规模报酬不变（劳动产出弹性与资本产出弹性之和大约为 1）。总体上，这一阶段初级要素投入仍然是推动工业产出增长的首要因素，但智力要素也发挥了重要的作用。

　　从产业部门来看，在 1985～2007 年技术密集型产业的产出增长中，智力要素的贡献度更大，该产业部门整体上表现为集约型增长。而在采矿业、劳动密集型产业、资本密集型产业和公用事业部门的产出增长中，初级要素投入发挥了更重要的作用，这些产业在整体上表现为粗放型增长。

由单独对垄断性行业进行的核算发现，垄断性行业产出增长完全依靠初级要素的大量投入，智力要素的贡献度为负值。加快对垄断性行业的改革已经成为转变工业增长方式的重中之重。

第6章 中国工业增长的资源再配置因素分析
（1985～2007 年）

根据第 5 章的结论，中国工业行业在要素产出弹性、全要素生产率增长率及产出增长的要素贡献度方面表现出较强的异质性。根据结构红利假说，如果生产要素从低效率行业流入高效率行业，增加单位要素投入必将生产出更多的产品，从而会带来工业整体生产效率的提升与产出的增长。本章具体分析我国工业增长的资源再配置因素。首先，分析在中国工业劳动生产率增长中劳动力再配置的作用。其次，分析劳动力、资本和人力资本等生产要素在工业行业之间的流动与再配置对提高工业全要素生产率（即资源再配效应）的效应及其对产出增长的贡献度，并进一步核算行业加总的工业整体增长因素。再次，将资源再配置效应进一步分解为资本再配置效应、劳动力再配置效应和人力资本再配置效应三部分。最后，从资本和劳动力两个方面分析我国资源再配置弱效应的原因。

6.1 劳动力再配置对中国工业劳动生产率增长的效应

6.1.1 中国工业行业的劳动生产率

结构红利假说以工业行业生产率水平存在异质性为前提假设。这种异质性既表现为行业间劳动生产率的水平值不同，同时又表现为行业间劳动生产率增长率不同。

表 6-1 是 36 个两位数工业行业代表性年份的劳动生产率及在 1985～2007 年的年均增长率。

表 6-1 部分年份工业行业的劳动生产率及其平均增长率

行业	1985 年	1990 年	1995 年	2000 年	2005 年	2007 年	1985～2007 年年均增长率
H01	0.307	0.348	0.463	0.775	1.464	1.980	0.095
H02	3.578	3.335	1.590	5.804	4.059	4.515	0.044
H03	0.556	0.513	0.642	1.786	2.678	4.479	0.114

行业	1985 年	1990 年	1995 年	2000 年	2005 年	2007 年	1985～2007 年年均增长率
H04	0.545	0.601	0.831	1.618	2.902	3.679	0.098
H05	0.470	0.368	0.763	1.703	2.640	3.903	0.112
H06	0.870	1.005	1.210	2.820	4.562	5.647	0.096
H07	0.691	0.953	0.936	2.577	4.167	5.555	0.110
H08	0.655	0.870	1.364	2.606	5.664	7.720	0.124
H09	6.224	8.662	10.501	20.217	55.787	82.325	0.130
H10	0.599	0.573	0.728	1.836	3.126	4.177	0.102
H11	0.393	0.492	0.939	1.474	2.342	3.043	0.104
H12	0.337	0.456	0.747	1.6790	2.483	3.269	0.118
H13	0.445	0.361	0.900	2.346	3.384	5.141	0.134
H14	0.396	0.389	0.994	2.614	3.181	4.161	0.127
H15	0.613	0.598	0.910	2.161	3.890	5.183	0.112
H16	0.486	0.569	1.038	2.063	4.610	5.925	0.130
H17	0.519	0.507	1.000	2.050	2.316	2.909	0.089
H18	3.856	2.404	1.722	2.051	2.357	2.696	−0.009
H19	0.766	0.890	1.394	2.814	5.854	8.159	0.117
H20	0.949	1.047	1.394	3.942	7.324	9.627	0.117
H21	1.886	1.935	2.473	4.674	6.237	9.219	0.084
H22	1.230	0.845	1.089	2.168	3.789	4.965	0.075
H23	0.443	0.602	0.990	2.785	3.106	4.129	0.116
H24	0.395	0.439	0.737	1.113	2.409	3.495	0.113
H25	1.205	1.072	1.328	3.692	6.855	9.571	0.106
H26	1.248	1.032	1.302	3.366	4.877	6.754	0.088
H27	0.375	0.505	1.276	2.687	3.874	5.411	0.135
H28	0.486	0.547	1.144	2.479	4.920	6.939	0.136
H29	0.484	0.474	1.003	2.602	4.671	6.988	0.136
H30	0.753	0.710	1.422	2.808	7.290	11.331	0.140
H31	0.694	0.786	1.431	3.055	5.847	7.256	0.117
H32	0.814	0.862	2.272	6.066	10.512	11.670	0.136
H33	1.007	0.946	1.284	2.830	5.514	7.349	0.105
H34	1.706	1.842	2.475	3.522	5.054	7.158	0.075
H35	0.742	0.922	0.059	1.238	2.281	4.257	0.088

续表

行业	1985 年	1990 年	1995 年	2000 年	2005 年	2007 年	1985~2007 年年均增长率
H36	0.852	0.717	1.168	2.234	2.539	3.289	0.074
平均值	1.044	1.099	1.431	3.118	5.682	7.885	0.109

资料来源：根据第 5 章工业分行业的投入产出数据整理计算

行业 H01：煤炭开采和洗选业。H02：石油和天然气开采业。H03：黑色金属矿采选业。H04：有色金属矿采选业。H05：非金属矿采选业。H06：农副食品加工业。H07：食品制造业。H08：饮料制造业。H09：烟草制品业。H10：纺织业。H11：纺织服装、鞋、帽制造业。H12：皮革、毛皮、羽毛（绒）及其制品业。H13：木材加工及木、竹、藤、棕、草制品业。H14：家具制造业。H15：造纸及纸制品业。H16：印刷业和记录媒介的复制。H17：文教体育用品制造业。H18：石油加工、炼焦及核燃料加工业。H19：化学原料及化学制品制造业。H20：医药制造业。H21：化学纤维制造业。H22：橡胶制品业。H23：塑料制品业。H24：非金属矿物制品业。H25：黑色金属冶炼及压延加工业。H26：有色金属冶炼及压延加工业。H27：金属制品业。H28：通用设备制造业。H29：专用设备制造业。H30：交通运输设备制造业。H31：电气机械及器材制造业。H32：通信设备、计算机及其他电子设备制造业。H33：仪器仪表及文化、办公用机械制造业。H34：电力、热力的生产和供应业。H35：燃气生产和供应业。H36：水的生产和供应业

1）劳动生产率的行业特征

根据表 6-1，表 6-2 分别列出了在六个代表性年份中劳动生产率水平最高和最低的五个行业。

表 6-2　代表性年份劳动生产率最高和最低的五个行业

项目	1985 年	1990 年	1995 年	2000 年	2005 年	2007 年
劳动生产率最高的五个行业	烟草制品业	烟草制品业	烟草制品业	烟草制品业	烟草制品业	烟草制品业
	石油加工、炼焦及核燃料加工业	石油和天然气开采业	电力、热力的生产和供应业	通信设备、计算机及其他电子设备制造业	通信设备、计算机及其他电子设备制造业	通信设备、计算机及其他电子设备制造业
	石油和天然气开采业	石油加工、炼焦及核燃料加工业	化学纤维制造业	石油和天然气开采业	医药制造业	交通运输设备制造业
	化学纤维制造业	化学纤维制造业	通信设备、计算机及其他电子设备制造业	化学纤维制造业	交通运输设备制造业	医药制造业
	有色金属冶炼及压延加工业	电力、热力的生产和供应业	石油加工、炼焦及核燃料加工业	医药制造业	黑色金属冶炼及压延加工业	黑色金属冶炼及压延加工业
劳动生产率最低的五个行业	煤炭开采和洗选业	煤炭开采和洗选业	燃气生产和供应业	煤炭开采和洗选业	煤炭开采和洗选业	煤炭开采和洗选业
	皮革、毛皮、羽毛（绒）及其制品业	木材加工及木、竹、藤、棕、草制品业	煤炭开采和洗选业	非金属矿物制品业	燃气生产和供应业	石油加工、炼焦及核燃料加工业
	金属制品业	非金属矿采选业	黑色金属矿采选业	燃气生产和供应业	文教体育用品制造业	文教体育用品制造业
	纺织服装、鞋、帽制造业	非金属矿物制品业	纺织业	纺织服装、鞋、帽制造业	纺织服装、鞋、帽制造业	纺织服装、鞋、帽制造业
	非金属矿物制品业	皮革、毛皮、羽毛（绒）及其制品业	非金属矿物制品业	有色金属矿采选业	石油加工、炼焦及核燃料加工业	皮革、毛皮、羽毛（绒）及其制品业

资料来源：表 6-1

根据表 6-2，在所有年份中烟草制品业是劳动生产率最高的行业，这是由其行业特性决定的。在 1990 年之前，除烟草制品业外，石油加工、炼焦及核燃料加工业，石油和天然气开采业，以及电力、热力的生产和供应业等垄断性行业的劳动生产率水平较高。在 1995 年以后，在劳动生产率最高的五个行业中技术密集型产业的行业数逐渐增多：1995 年新增了通信设备、计算机及其他电子设备制造业，2000 年又新增了医药制造业，2005 年和 2007 年则增加了交通运输设备制造业，使在劳动生产率最高的五个行业中技术密集型产业的行业数增加到 3 家。

1995 年及以前年份劳动生产率水平最低的五个行业大多属于采矿业、劳动密集型产业和资本密集型产业。2000 年劳动生产率最低的行业除采矿业、劳动密集型产业和资本密集型产业外，又增加了公用事业中的燃气生产和供应业，后者属于垄断性行业。在 2005 年以后劳动生产率最低的五个行业则全部由劳动密集型产业和垄断性行业构成。

图 6-1 是采矿业、劳动密集型产业、资本密集型产业、技术密集型产业、公用事业等部门，以及垄断性行业的平均劳动生产率动态变化。作为比较，本书还计算了不包括烟草制品业异常值的劳动密集型产业和垄断性行业的平均劳动生产率动态变化。

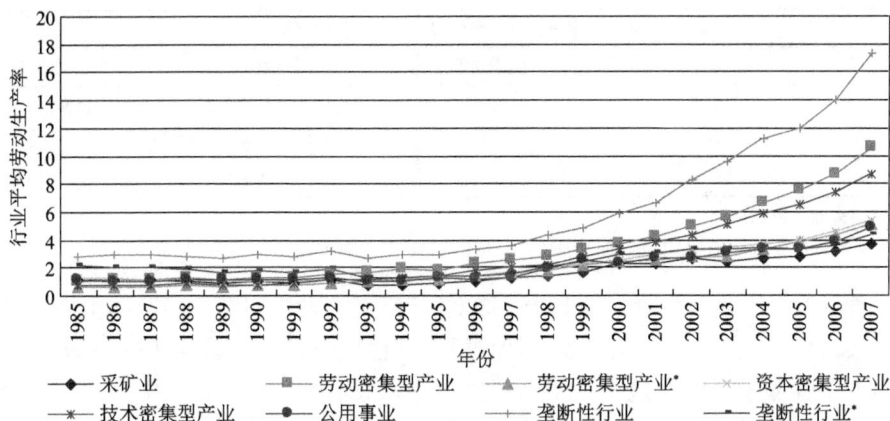

图 6-1　工业各产业部门的行业平均劳动生产率

*表示相应产业部门中不包括烟草制品业异常值的行业平均劳动生产率

从图 6-1 中可以看出，垄断性行业的平均劳动生产率在所有工业产业部门中最高。在 1992 年以后劳动密集型产业的平均劳动生产率居第二位。以 1993 年为转折点，技术密集型产业超过公用事业部门和资本密集型产业部门，从平均劳动生产率最小的产业部门跃居到第三位，而采矿业则成为平均劳动生产率水平值最低的产业部门。

如果从劳动密集型产业部门和垄断性行业中剔除劳动生产率畸高的烟草制品业后，发现虽然在 1985～1993 年垄断性行业的平均劳动生产率仍然是所有产业部门中最高的，但其值在波动性减小。在 1994 年以后技术密集型产业开始超过垄断

性行业成为平均劳动生产率最高的产业。除去烟草制品业后，在 1992 年以前劳动
密集型产业的平均劳动生产率是所有产业部门中最低的，在 2005 年以后其平均劳
动生产率仅小于技术密集型产业和资本密集型产业的平均劳动生产率，位居第三
位。在 1993 年以后，采矿业的平均劳动生产率是所有产业部门中最小的。

2）劳动生产率增长率的行业特征

对劳动生产率的水平值的考察属于静态分析，这种静态分析难以捕捉动态的
发展趋势。考察工业分行业劳动生产率的增长率可以克服静态分析的这种缺陷。
表 6-3 分别列出了劳动生产率增长最快和最慢的五个行业。

表 6-3　1985～2007 年劳动生产率增长率的行业特征与产业部门特征　　　单位：%

劳动生产率增长率的行业特征			
高增长行业	增长率	低增长行业	增长率
交通运输设备制造业	14.0	石油加工、炼焦及核燃料加工业	-0.9
通信设备、计算机及其他电子设备制造业	13.6	石油和天然气开采业	4.4
通用设备制造业	13.6	水的生产和供应业	7.4
专用设备制造业	13.6	电力、热力的生产和供应业	7.5
金属制品业	13.5	化学纤维制造业	7.5
劳动生产率增长率的产业部门特征（行业平均值）			
产业部门	增长率	产业部门	增长率
采矿业	6.9	制造业：劳动密集型产业	11.4（10.2）
公用事业	8.0	资本密集型产业	7.2
垄断性行业	9.1（4.1）	技术密集型产业	12.1

资料来源：表 6-1

注：括号中数据分别表示不包括烟草制品业的相应产业部门的劳动生产率增长率

表 6-3 中的数据显示，在 1985～2007 年，交通设备制造业的劳动生产率增长
最快（14%），其次是通信设备、计算机及其他电子设备制造业（13.6%），高增
长的五个行业中有四个属于技术密集型产业。低增长的五个行业中有四个属于垄
断性行业，化学纤维制造业属于劳动密集型产业，石油加工、炼焦及核燃料加工
业是唯一一个劳动生产率负增长的行业。

从工业的产业部门来看，在 1985～2007 年劳动生产率增长最快的为技术密集
型产业（12.1%），其次是劳动密集型产业（11.4%），但不包括烟草制品业后其
增长率下降到 10.2%。公用事业的增长率为 8%，采矿业的增长最慢，增长率仅为
6.9%。另外，单独核算的垄断性行业，其劳动生产率增长率达到 9.1%，不包括烟
草制品业后其增长率下降到 4.1%，成为劳动生产率增长最慢的部门。

技术密集型产业与劳动密集型产业部门劳动生产率的快速增长得益于这两个部门
有较高的技术进步率。第 5 章的研究已经表明，在所有产业部门中，技术密集型产业
的全要素生产率增长率最高，其次是劳动密集型产业。而采矿业、公用事业及资本密

集型产业的低劳动生产率增长率则与它们较低的全要素生产率增长率相对应。

6.1.2　劳动力再配置对中国工业整体劳动生产率增长的效应

表 6-1 反映的事实表明，我国工业行业之间的劳动生产率不仅在水平值上，而且在增长率上都存在系统性差异。那么根据结构红利假说，劳动投入从低劳动生产率（或低劳动生产率增长率）行业向高劳动生产率（或高劳动生产率增长率）行业的转移能够提高工业整体的生产效率。本节定量研究行业之间劳动力转移对提高工业劳动生产率的作用。

1. 工业整体劳动生产率[①]

按照式（6-1）方法核算工业整体劳动生产率。图 6-2 描述了劳动生产率增长率的变动趋势。

$$X_t = \frac{\sum_i Y_{i,t}}{\sum_i L_{i,t}} \qquad (6-1)$$

其中，$\sum_i Y_{i,t}$、$\sum_i L_{i,t}$ 分别为不变价工业增加值与劳动投入的行业数据加总。

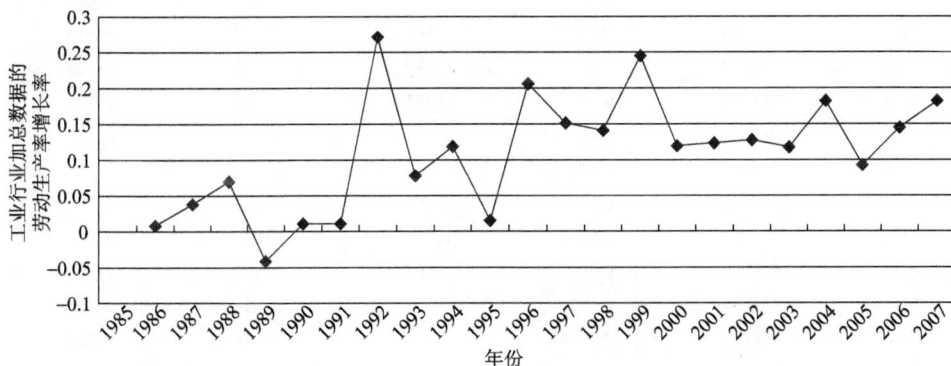

图 6-2　工业行业加总数据的劳动生产率增长率

图 6-2 显示，除 1989 年外，其余年份我国工业的劳动生产率均保持了正增长，1986～2007 年劳动生产率的年均增长率为 10.9%，其中，1992 年的劳动生产率增长率最高，达到 27.1%，其次是 1999 年，劳动生产率增长率达到 24.5%。另外，在 1996 年以前，我国工业劳动生产率增长率的波动较大，其标准差达到 0.094。

---

①本节的工业整体劳动生产率与第 4 章总量数据的工业劳动生产率略有差异。由于数据的连续性原因，本节的工业整体劳动生产率没有包括木材和竹材的采运，而总量数据的工业劳动生产率在 1985～2002 年包括木材和竹材的采运。

在 1997 年以后劳动生产率增长率则较为平稳，波动减小，其标准差仅为 0.042。

　　根据图 6-2，将"低点－低点"作为一个核算周期，那么可以将 1985～2007 年劳动生产率增长率趋势划分为五个小周期：1985～1989 年、1989～1995 年、1995～1998 年、1998～2000 年及 2000～2005 年。这五个周期劳动生产率的平均增长率分别为 1.8%、6.6%、12.8%、18.2%和 12.7%。

2. 1985～2007 年劳动力再配置对工业整体劳动生产率增长的效应

　　劳动力在行业之间的再配置对工业整体劳动生产率增长的影响效应可用式（3-22）计算。表 6-4 列出了 1985～2007 年的生产率增长效应、资源的静态再配置效应和动态再配置效应。

表 6-4　1985～2007 年劳动力再配置对工业行业劳动生产率增长的效应

行业	$\Delta l_{t,i}$ （Ⅰ）	$x_{t-1,i}$ （Ⅱ）	$s_{t-1,i}g(X_{t,i})$ （Ⅲ）	$x_{t-1,i}\Delta l_{t,i}$ （Ⅳ）	$x_{t-1,i}\Delta l_{t,i}g(X_{t,i})$ （Ⅴ）
H01	−0.0219	0.469	0.198	−0.010	−0.056
H02	0.0013	5.472	0.010	0.007	0.002
H03	0.0025	0.851	0.028	0.002	0.015
H04	−0.0015	0.833	0.039	−0.001	−0.007
H05	−0.0130	0.719	0.135	−0.009	−0.068
H06	−0.0016	1.332	0.271	−0.002	−0.012
H07	−0.0021	1.057	0.149	−0.002	−0.016
H08	−0.0022	1.002	0.170	−0.002	−0.023
H09	−0.0015	9.521	0.367	−0.014	−0.171
H10	−0.0276	0.916	0.571	−0.025	−0.151
H11	0.0191	0.602	0.145	0.011	0.078
H12	0.0157	0.516	0.067	0.008	0.070
H13	0.0047	0.681	0.104	0.003	0.034
H14	0.0021	0.606	0.064	0.001	0.012
H15	0.0001	0.938	0.145	0.000	0.001
H16	−0.0004	0.743	0.121	0.000	−0.003
H17	0.0091	0.794	0.024	0.007	0.033
H18	0.0031	5.898	−0.009	0.018	−0.005
H19	0.0006	1.172	0.537	0.001	0.006
H20	0.0061	1.452	0.110	0.009	0.081
H21	0.0008	2.885	0.041	0.002	0.009
H22	0.0005	1.881	0.061	0.001	0.003
H23	0.0098	0.678	0.136	0.007	0.055
H24	−0.0461	0.604	0.652	−0.028	−0.219
H25	−0.0045	1.844	0.452	−0.008	−0.057
H26	0.0057	1.909	0.089	0.011	0.048
H27	−0.0029	0.574	0.337	−0.002	−0.022

续表

行业	$\Delta l_{t,i}$ （I）	$x_{t-1,i}$ （II）	$s_{t-1,i}g(X_{t,i})$ （III）	$x_{t-1,i}\Delta l_{t,i}$ （IV）	$x_{t-1,i}\Delta l_{t,i}g(X_{t,i})$ （V）
H28	−0.0199	0.743	0.785	−0.015	−0.197
H29	−0.0181	0.740	0.515	−0.013	−0.180
H30	0.0088	1.151	0.622	0.010	0.143
H31	0.0186	1.061	0.330	0.020	0.186
H32	0.0398	1.245	0.316	0.050	0.661
H33	0.0027	1.541	0.101	0.004	0.026
H34	0.0090	2.609	0.139	0.023	0.075
H35	0.0006	1.135	0.006	0.001	0.003
H36	0.0025	1.303	0.009	0.003	0.009
合计			7.837	0.068	0.363

资料来源：根据式（3-22）得到

注：行业代号同表 6-1

　　表 6-4 中的第 I 列为行业 i 劳动力份额的改变量，第 II 列为 1985 年行业 i 的劳动生产率相对于总量劳动生产率的相对劳动生产率，第 III 列为生产率增长效应，第 IV 列为静态再配置效应，第 V 列为动态再配置效应。根据第 3 章，静态再配置效应与动态再配置效应之和就是劳动力再配置对劳动生产率增长的效应。根据表 6-4 中的计算结果发现，2007 年比 1985 年的劳动生产率增长了 826.8%，其中，劳动生产率增长效应为 783.7%，静态资源再配置效应为 6.8%，动态资源再配置效应为 36.3%。这一结果表明，我国工业行业劳动生产率的增长的主要因素是各行业自身劳动生产率增长，其贡献度达到 94.79%；劳动投入从低劳动生产率行业向高劳动生产率行业转移的影响，也即静态再配置效应，其贡献度仅为 0.82%；而劳动投入从劳动生产率低增长行业向高增长行业的转移，也即动态再配置效应，其贡献度为 4.39%。总的来说，1985～2007 年，劳动力再配置对我国工业劳动生产率增长的贡献度为 5.21%。上述研究结果表明，行业自身生产率增长效应是推动我国工业劳动生产率增长的主要力量，资源再配置对虽然起到一定的作用，但其作用还非常有限。

　　根据表 6-4，表 6-5 计算了劳动力再配置对工业各产业部门劳动生产率增长的效应。

表 6-5　1985～2007 年劳动力再配置对工业各产业部门劳动生产率增长的效应

产业部门	$s_{t-1,i}g(X_{t,i})$	$x_{t-1,i}\Delta l_{t,i}$	$x_{t-1,i}\Delta l_{t,i}g(X_{t,i})$	劳动生产率增长率
采矿业	0.410	−0.012	−0.114	0.284
公用事业	0.154	0.027	0.088	0.269
劳动密集型产业	2.374	−0.006	−0.083	2.285
资本密集型产业	1.581	−0.008	−0.253	1.320
技术密集型产业	3.316	0.065	0.726	4.107
合计	7.835	0.066	0.364	8.265

资料来源：根据表 6-4 计算得到

表 6-5 表明，在 1985～2007 年工业整体的劳动生产率增长率为 826.8%，其中，技术密集型产业和劳动密集型产业的劳动生产率增长率分别为 410.7%和228.6%，是工业整体劳动生产率增长的主要贡献者。资本密集型产业劳动生产率增长率为 132%。公用事业和采矿业对工业整体劳动生产率的增长贡献较小，这两个产业部门劳动生产率增长率分别为 26.9%和 28.4%。

在五个产业部门劳动生产率的增长中，产业内的生产率增长效应最为显著。例如，对于技术密集型产业，产业内的生产率增长效应对劳动生产率增长的贡献度达到 80.7%，而对公用事业部门劳动生产率增长的贡献度为 57.2%，其他三个产业部门的静态资源再配置效应和动态资源再配置效应均为负值。分析表明，无论是在工业整体中，还是在各产业部门中，生产率增长效应对劳动生产率的增长均发挥了最主要的作用，而劳动力再配置的作用较小。这同时也表明，通过工业行业之间的劳动力再配置来提高工业生产率仍然蕴含着巨大的潜力。

3. 劳动力再配置对劳动生产率增长效应的周期性特征

为了平滑资源再配置效应的周期性变动，将 1985～2007 年划分为 1985～1989 年、1989～1995 年、1995～1998 年、1998～2000 年及 2000～2007 年五个小周期，这些时间段表示若干个经济波动周期。本书计算了在每一个周期中的劳动力再配置对工业整体劳动生产率的增长效应，计算结果见表 6-6。

表 6-6　各周期内劳动力再配置对工业整体劳动生产率的增长效应

时期	劳动生产率增长率	$s_{t-1,i}g(X_{t,i})$	$x_{t-1,i}\Delta l_{t,i}$	$x_{t-1,i}\Delta l_{t,i}g(X_{t,i})$
1985～1989 年	0.071	0.055	0.023	−0.007
1989～1995 年	0.584	0.537	0.048	−0.001
1995～1998 年	0.586	0.555	0.023	0.008
1998～2000 年	0.392	0.391	0.007	−0.006
2000～2007 年	1.468	1.448	0.044	−0.024

资料来源：根据式（3-22）得到

表 6-6 显示，1985～2007 年工业劳动生产率的增长主要发生在 2000～2007 年，在这七年间，劳动生产率增长了 146.8%，年均增长率达到 21%。其中，生产率增长效应为 144.8%，对劳动生产率增长的贡献度达到 98.6%。静态资源配置效应为 4.4%，动态资源再配置效应为−2.4%，劳动力再配置对劳动生产率增长的总贡献度为 2%。

1995～1998 年与 1998～2000 年的劳动生产率增长率分别为 58.6%和 39.2%，年均增长率分别为 19.5%和 19.6%。在这两个阶段中，生产率增长效应对劳动生产率增长的贡献度分别为 94.7%和 99.7%，而劳动力再配置的贡献度分别为 5.3%和 0.3%。

1985～1989 年和 1989～1995 年这两个阶段的劳动生产率增长率分别为 7.1% 和 58.4%，平均增长率分别为 1.8%和 9.7%。生产率增长效应对这两个阶段劳动生产率增长的贡献度分别为 77.5%和 92%，劳动力再配置的贡献度分别为 22.5%和 8.0%。1985～1989 年劳动力再配置对劳动生产率增长的效应较其他阶段显著，在这一阶段虽然动态资源再配置效应为负值，但静态资源再配置效应对劳动生产率增长的贡献度达到 32.39%。

通过对劳动力再配置对工业整体劳动生产率增长的效应分析可以得到以下结论。

（1）在 1985～2007 年，技术密集型产业和劳动密集型产业劳动生产率的增长对工业整体生产率的增长的贡献较大，而采矿业、公用事业和资本密集型产业的劳动生产率增长较慢。

（2）分阶段看，在 1995 年以后我国工业劳动生产率增长较快，其中，2000～ 2007 年的劳动生产率平均增长速度达到 21%，1995～1998 年与 1998～2000 年的平均增长速度分别达到 19.5%和 19.6%，1989～1995 年劳动生产率的平均增速为 9.7%，而 1985～1989 年的劳动生产率增速最慢，平均增长率仅为 1.8%。

（3）从劳动力再配置的角度，在 1985～2007 年，工业整体劳动生产率的增长主要得益于工业行业劳动生产率的提高，其贡献度达到 94.8%。而行业之间的劳动力再配置对工业劳动生产率的影响强度较弱，其中，静态资源再配置效应的贡献度为 0.8%，动态资源再配置效应的贡献度为 4.4%。

6.2　中国工业增长的资源再配置因素

对劳动生产率的分析只考虑了劳动力再配置的影响。而 Masell（1961）的研究表明，除劳动力外，资本和人力资本等生产要素在行业之间的流动同样可以改变工业整体的生产率。当生产要素由低效率行业再配置到高效率行业中，或者资源的再配置减少了整体经济的非均衡程度时，资源再配置将对工业整体的生产率产生积极影响。相反，当生产要素由高效率行业流向低效率行业中，也即存在逆向配置，或者资源流动加剧了行业间的非均衡程度时，资源再配置就会对生产率产生负向影响。本节首先计算资源再配置对工业整体全要素生产率增长的作用，即资源再配置效应。在此基础上进一步核算行业加总的中国工业整体增长因素。

6.2.1　资源再配置对中国工业全要素生产率增长的效应

根据第 3 章，资源再配置效应定义为劳动力、资本和人力资本等生产要素在行业之间流动对工业整体全要素生产率增长的影响。根据式（3-28），资源再配置效应用工业整体全要素生产率增长率与工业行业全要素生产率增长率的加权平均数之差来度量。其中工业整体全要素生产率增长率利用行业加总的投入产出数据及由式（3-23）与式（3-24）计算的行业加权平均要素产出弹性，并根据式（3-26）计算得到。

图 6-3 描述了工业整体全要素生产率增长率、行业加权平均全要素生产率增长率及用两者之差表示的资源再配置效应的变动趋势。

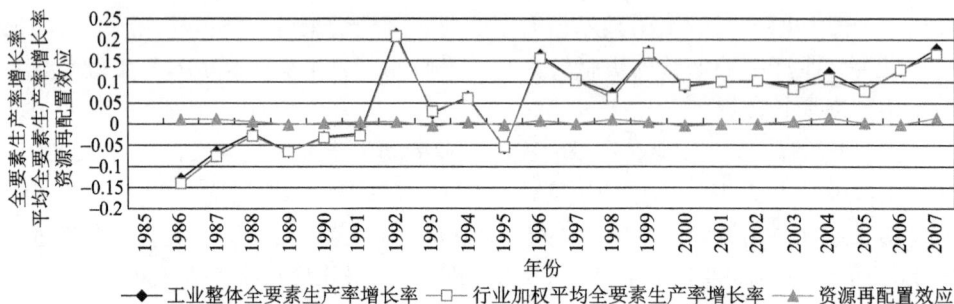

图 6-3　工业整体全要素生产率增长率、行业加权平均全要素生产率增长率与资源再配置效应

图 6-3 表明，在 1985～2007 年，工业整体全要素生产率年均增长率为 5.9%，其中，行业加权平均全要素生产率的年均增长率为 5.5%，资源再配置效应平均每年提高工业整体全要素生产率增长率 0.41 个百分点。[①]资源再配置效应对工业整体生产率增长的贡献度为 7%，对产出增长的贡献度为 3.2%。其中，除 1989 年、1993 年、1995 年、2000 年和 2006 年的资源再配置对工业整体全要素生产率具有负效应外，其余年份的资源再配置对工业整体全要素生产率增长均为正向影响。本书的结论表明，自 1985 年以来，我国工业整体生产效率的提高主要依赖于工业行业自身全要素生产率的提高，结构红利发挥了一定作用，但整体的影响效应并不显著。

Timmer 和 Szirmai（2000）研究了印度、印度尼西亚、韩国及中国台湾地区在 1963～1993 年的资源再配置效应，他们的研究发现，在这四个亚洲发展中国家（地区）中不存在结构红利效应，资源再配置对全要素生产率增长率没有显著的影响。李小平和卢现祥（2007）对 1985～2003 年中国制造业的研究发现，由于制造业行业之间的劳动和资本等生产要素并没有向高生产率增长率的行业流动，结构变动并没有导致显著的结构红利假说现象。姚战琪（2009）的研究同样表明，中

[①]历年工业整体全要素生产率增长率根据式（3-26）计算得到，此处数据为 1985～2007 年的平均值。

国工业行业之间的要素再配置效应的强度较弱，甚至对全要素生产率有负向影响。相反，张军等（2009）对中国工业的研究表明，中国工业存在显著的结构红利效应。他们的实证研究结果发现，工业结构改革引致的行业间要素重置对改革开放期间中国工业生产率提高的贡献度为 38%，对工业产出增长的贡献度为 20%，但资源再配置增长效应在 2001 年以后快速下降为-1.3%。由本书的实证分析得到了一个折衷的结论：工业行业的资源再配置效应既不同于姚战琪等的研究所得到的负值，又不同于张军等学者所得到的较大的再配置效应，而是介于两者之间。

6.2.2　行业加总的工业整体增长因素

根据式（3-28），行业加总的工业整体的全要素生产率增长率可以分解为两部分：行业全要素生产率增长率的加权平均及资源再配置效应。定义行业全要素生产率增长率的加权平均为纯生产率增长，那么结合式（3-26），工业整体的增长因素可以分解为五部分：资本投入、劳动投入、人力资本、纯生产率增长、资源再配置。表 6-7 是工业整体在 1986～2007 年使用行业加总数据计算的包括资源再配置的工业增长因素核算结果。

表 6-7 的数据表明，工业整体的全要素生产率在 1986～2007 年均增长率为5.9%，高于这一时期工业行业全要素生产率增长率（为 5.43%）。

表 6-7　1986～2007 年行业加总的工业整体增长因素

年份	工业增加值增长率	固定资本存量增长率	劳动投入增长率	人力资本存量增长率	全要素生产率增长率	全要素生产率增长率	
						纯生产率增长	资源再配置效应
1986	0.074	0.217	0.065	0.011	−0.129	−0.140	0.0109
1987	0.102	0.186	0.062	0.015	−0.066	−0.077	0.0113
1988	0.105	0.160	0.033	0.012	−0.022	−0.028	0.0063
1989	−0.025	0.069	0.018	0.010	−0.067	−0.065	−0.0015
1990	0.011	0.072	0.001	0.010	−0.030	−0.033	0.0026
1991	0.046	0.080	0.035	0.018	−0.024	−0.028	0.0043
1992	0.284	0.124	0.010	0.014	0.213	0.208	0.0050
1993	0.109	0.149	0.029	0.014	0.026	0.030	−0.0041
1994	0.151	0.149	0.029	0.019	0.065	0.061	0.0036
1995	0.010	0.178	−0.005	0.005	−0.057	−0.055	−0.0024
1996	0.223	0.105	0.015	0.002	0.164	0.156	0.0081
1997	0.146	0.144	−0.004	0.004	0.103	0.103	0.0000
1998	0.074	0.087	−0.058	0.008	0.073	0.062	0.0108

续表

年份	工业增加值增长率	固定资本存量增长率	劳动投入增长率	人力资本存量增长率	全要素生产率增长率	全要素生产率增长率	
						纯生产率增长	资源再配置效应
1999	0.140	0.080	−0.085	0.006	0.173	0.168	0.0046
2000	0.095	0.078	−0.022	0.005	0.088	0.092	−0.0043
2001	0.117	0.068	−0.006	0.004	0.100	0.100	0.0001
2002	0.143	0.086	0.014	0.005	0.102	0.102	0.0001
2003	0.155	0.111	0.034	0.009	0.089	0.083	0.0064
2004	0.124	0.150	−0.049	0.005	0.121	0.107	0.0140
2005	0.229	0.200	0.125	0.005	0.080	0.077	0.0027
2006	0.253	0.229	0.095	0.006	0.126	0.128	−0.0017
2007	0.262	0.220	0.069	0.005	0.178	0.164	0.0139
历年平均	0.129	0.134	0.018	0.009	0.059	0.055	0.0041
1986~1995 年	0.087	0.138	0.028	0.013	0.001	−0.013	0.0036
1996~2007 年	0.163	0.130	0.011	0.006	0.119	0.112	0.005
要素贡献度（Ⅰ）	100%	40.3%	9.3%	4.5%	45.9%	42.7%	3.2%
要素贡献度（Ⅱ）	100%	41.1%	13.1%	4.4%	41.5%	—	—
1986~1995 年	100%	74.39%	17.23%	7.9%	0.5%	−3.7%	4.2%
1996~2007 年	100%	20.23%	4.8%	2.6%	72.4%	69.6%	2.8%

资料来源：根据式（3-18）与式（3-28）计算得到

注：要素贡献度（Ⅰ）是 1986~2007 年的平均值。作为对比，要素贡献度（Ⅱ）是表 5-13 中不包括资源再配置的行业增长要素贡献度的平均值

　　表 6-7 中的要素贡献度（Ⅰ）是 1986~2007 年包括资源再配置的工业增长因素。在平均意义上，纯生产率增长对这一时期产出增长的贡献度为 42.7%，资源再配置的贡献度为 3.2%，资本投入的贡献度为 40.3%，劳动投入的贡献度为 9.3%，人力资本的贡献度为 4.5%。

　　要素贡献度（Ⅰ）与不包括资源再配置效应的要素贡献度（Ⅱ）（即表 5-13 中行业要素贡献度的平均值）相比，要素贡献度（Ⅰ）的全要素生产率增长率与人力资本的贡献度更高，劳动投入与资本投入的贡献度更小。产生这种差异的主要原因在于：要素贡献度（Ⅱ）仅计算了纯生产率增长对产出增长的贡献。而在要素贡献度（Ⅰ）的核算中包括了资源再配置的作用。

　　分阶段看，在 1986~1995 年，纯生产率增长对工业整体产出增长的贡献度为 −3.7%，资源再配置的贡献度为 4.2%，资本投入的贡献度为 74.39%，劳动投入的

贡献度为 17.23%，人力资本的贡献度为 7.9%。由于资源再配置的正贡献度大于纯生产率的负向影响，这一阶段全要素生产率的贡献度略大于零。资本投入是这一阶段产出增长的主要推动力。

在 1996～2007 年，纯生产率增长对工业整体产出增长的贡献度为 69.6%，资源再配置的贡献度为 2.8%，资本投入的贡献度为 20.23%，劳动投入的贡献度为 4.8%，人力资本的贡献度为 2.6%。从绝对数上看，1996～2007 年资源再配置平均每年提高工业整体全要素生产率增长率 0.5%，而 1986～1995 年资源再配置平均每年提高全要素生产率增长率 0.36%。但在 1996 年以后产出增长由前一阶段的 8.7%提高到 16.3%，使得资源再配置的相对贡献度反而由 1986～1995 年的 4.2% 下降到 1996～2007 年的 2.8%。

表 6-7 的核算结果显示，在 1996 年以后纯生产率提高成为工业整体产出增长的主要推动力量，智力要素贡献度合计达到 75%。这表明，自 1996 年以来我国工业的增长方式已经开始由粗放型向集约型转变，但资源再配置的贡献度依然较小。

6.3　资源再配置总效应的分解

6.3.1　资本、劳动力与人力资本的再配置效应

根据式（3-34）可以将资源再配置工业整体全要素生产率增长率的效应分解为资本再配置效应、劳动力再配置效应和人力资本再配置效应。分解结果如表 6-8 所示。

表 6-8　资源再配置对工业整体全要素生产率增长效应的分解

年份	资源再配置 总效应	资本再配置 效应	劳动再配置 效应	人力资本再配置 效应
1986	0.0109	0.0138	−0.0025	−0.0003
1987	0.0113	0.0103	0.0013	−0.0003
1988	0.0063	0.0046	0.0020	−0.0003
1989	−0.0015	−0.0020	0.0007	−0.0003
1990	0.0026	0.0007	0.0021	−0.0002
1991	0.0043	0.0030	0.0011	0.0003
1992	0.0050	0.0017	0.0031	0.0002
1993	−0.0041	−0.0062	0.0019	0.0002
1994	0.0036	0.0007	0.0026	0.0004
1995	−0.0024	−0.0021	−0.0003	0.0000
1996	0.0081	0.0068	0.0013	0.0000

年份	资源再配置 总效应	资本再配置 效应	劳动再配置 效应	人力资本再配置 效应
1997	0.0000	−0.0027	0.0021	0.0006
1998	0.0108	−0.0006	0.0114	0.0000
1999	0.0046	−0.0011	0.0057	0.0000
2000	−0.0043	−0.0022	−0.0020	0.0000
2001	0.0001	−0.0007	0.0009	0.0000
2002	0.0001	0.0012	−0.0010	0.0000
2003	0.0064	0.0018	0.0046	0.0000
2004	0.0140	0.0005	0.0135	0.0001
2005	0.0027	0.0005	0.0023	−0.0001
2006	−0.0017	−0.0006	−0.0010	−0.0001
2007	0.0139	−0.0011	0.0151	−0.0001
标准差	0.0055	0.0043	0.0046	0.0002
平均值	0.0041	0.0012	0.0030	0.0000
对工业整体全要素生产率增长的贡献度	7%	2%	5%	0

资料来源：根据式（3-34）计算得到

　　表 6-8 显示，在 1986～2007 年，资源再配置总效应平均使工业整体全要素生产率增长率提高 0.41 个百分点，对工业整体全要素生产率增长率的贡献度为 7%。其中，资本再配置效应平均使工业整体全要素生产率增长率提高 0.12 个百分点，其对工业全要素生产率增长的贡献度为 2%。劳动再配置效应平均能使工业整体全要素生产率增长率提高 0.29 个百分点，其贡献度为 5%。人力资本再配置效应几乎为零。

　　资本再配置效应在 1986～1988 年、1990～1992 年、1994 年、1996 年及 2002～2005 年为正值，在其余 10 个年份为负值。资本再配置效应波动的标准差为 0.0043。资本再配置效应为正值的年份表明，在总体上工业行业间存在着资本由边际产出较低的行业向边际产出较高行业的正向流动，而资本再配置效应为负值的年份则表明存在逆向流动。

　　劳动力再配置效应在 1987～1994 年、1996～1999 年、2001 年、2003～2005 年及 2007 年为正值，其余 5 个年份为负值。这些事实表明，在大多数年份，劳动力流动符合边际规则，即由低边际产出行业向高边际产出行业流动。但还有 5 个年份出现了劳动力的逆向流动。另外，劳动再配置效应的标准差为 0.0046，略大于资本再配置效应的波动幅度。本书所得到的劳动资源再配置效应大于资本再配置效应的结论与 Dessus 等（1995）对中国台湾及 Akkemik（2005）对新加坡的研究结论一致。

人力资本配置效应在 1986～1990 年及 2005～2007 年为负值，其余年份为正值。但无论是正向影响还是负向影响，人力资本再配置效应都显得微不足道，在整个研究时期内，正效应和负效应完全抵消，人力资本配置效应可以忽略不计。

图 6-4 是 1986～2007 年各要素资源再配置随时间的动态变化。

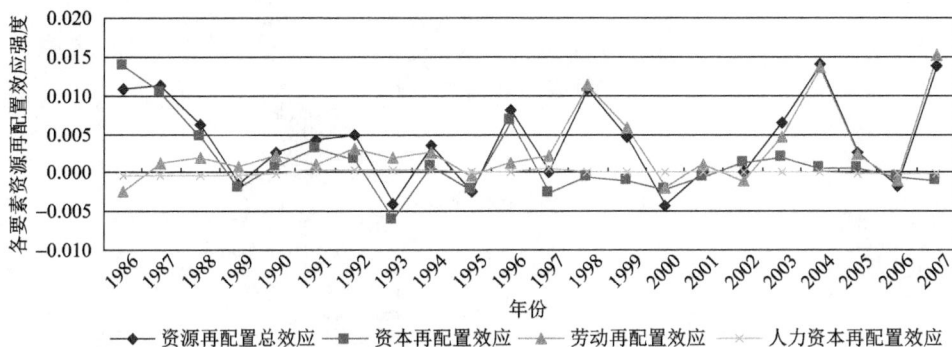

图 6-4　各要素资源再配置效应的动态变化（1986～2007 年）

图 6-4 显示，在 1997 年以后（除 2002 年以外），劳动再配置效应系统地大于资本再配置效应。这一转折点与国有企业的战略性改组、重组的时间恰好重合。正如下文所表明地，国有企业改革带来的大批富余人员从低效率行业的退出是导致这一阶段劳动再配置效应较高的主要原因。

本节分析的是历年各行业资源再配置的加总效应，下面将分析工业各行业的要素流动对工业整体全要素生产率增长率的影响效应。由于人力资本的再配置效应近似于零，本书主要分析行业劳动力和资本的再配置效应。

6.3.2　1986～2007 年工业行业的资本再配置效应

图 6-5 是 1986～2007 年工业各行业资本再配置对工业整体全要素生产率增长影响效应的平均值。根据图 6-5，平均意义上在 1986～2007 年资本再配置对工业整体全要素生产率增长具有负效应的行业依次是电力、热力的生产和供应业，煤炭开采和洗选业，非金属矿物制品业，石油和天然气开采业，黑色金属冶炼及压延加工业，水的生产和供应业，等等。这些行业大多属于垄断性行业、采矿业与资本密集型产业。

资本再配置对工业整体全要素生产率增长有正效应且影响强度最大的行业是

烟草制品业，其次是通信设备、计算机及其他电子设备制造业，食品制造业，电气机械及器材制造业，医药制造业，交通运输设备制造业，等等。这些行业均属于竞争程度较激烈的技术密集型产业和劳动密集型产业。

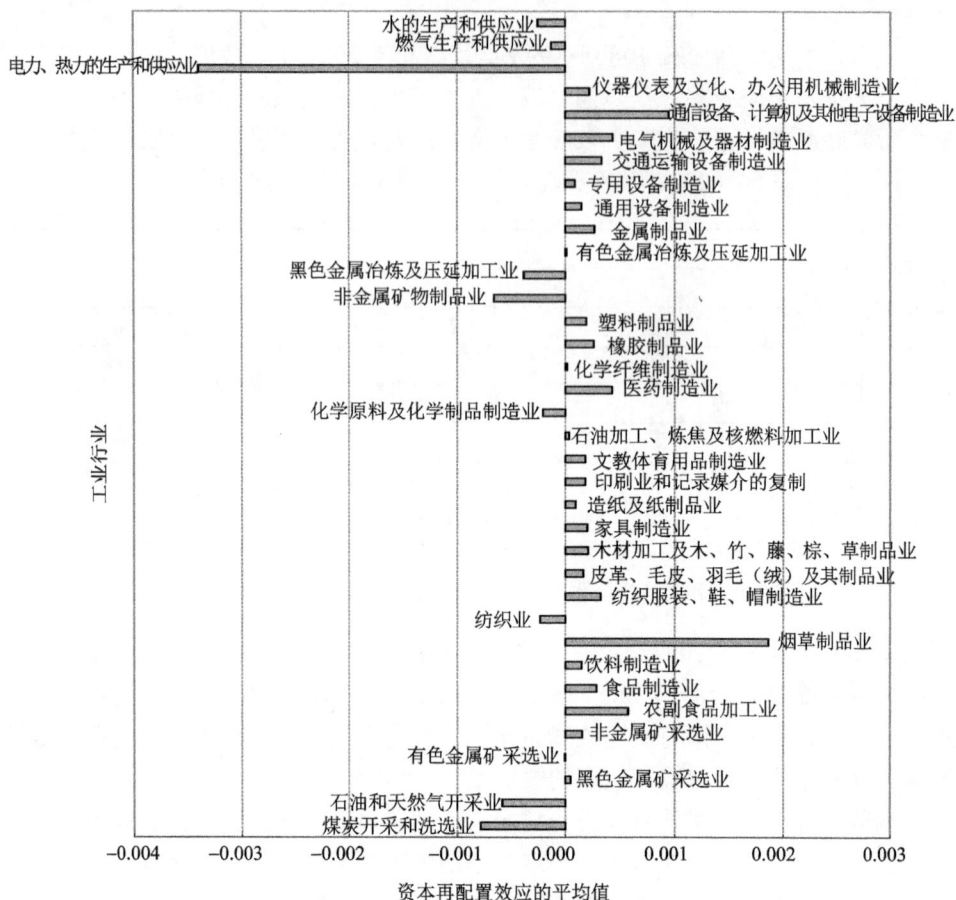

图 6-5　1986～2007 年工业行业资本再配置效应的平均值

6.3.3　1986～2007 年工业行业的劳动再配置效应

图 6-6 是 1986～2007 年工业各行业劳动再配置对工业整体全要素生产率增长影响效应的平均值。图中显示，劳动再配置对工业整体全要素生产率具有正效应且影响强度最大的行业为通信设备、计算机及其他电子设备制造业，其次是交通运输设备制造业，电气机械及器材制造业，非金属矿物制品业，医药制造业，以及石油加工、炼焦及核燃料加工业等技术密集型产业、资本密集型产业。而劳动再配置对工业整体全要素生产率产生负向影响的行业分别是纺织服装、鞋、帽制造业，烟草制品业，皮革、皮毛、羽毛（绒）及其制品业，金属制品业，以及纺

织业等劳动密集型产业、采矿业和资本密集型产业。

　　需要注意的是，烟草制品业的劳动边际产出是各行业中最高的，但其在 1986～2007 年的劳动再配置效应为负，主用原因在于劳动力从 1998 年以后持续地从该行业流出。例如，从 1998～2007 年，烟草制品业总计流失的劳动力人数为 12.6 万人，平均每年流失约 1.26 万人。

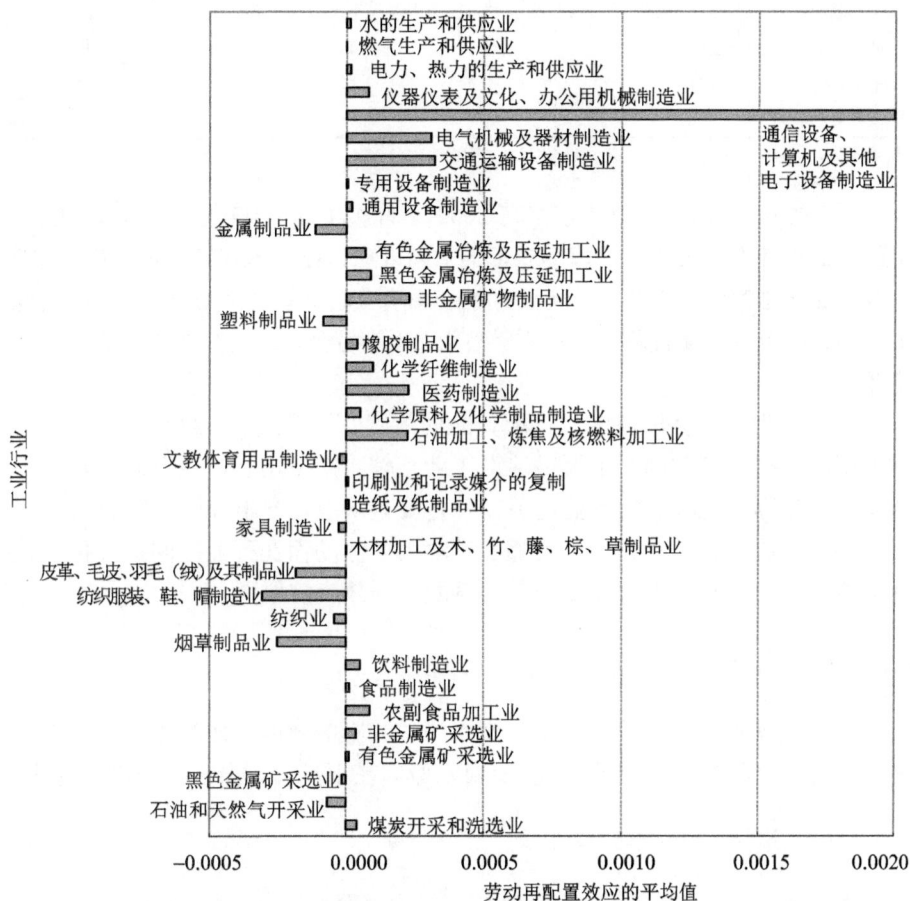

图 6-6　1986～2007 年工业行业劳动力再配置效应的平均值

6.4　资源再配置的弱效应的原因分析

　　在 1985～2007 年，我国行业之间的资源再配置对工业生产率增长率的贡献度仅为 7%，远远小于同等收入水平国家的水平（表 6-9）。本书将这种现象称为资源再配置的弱效应。表 6-9 是 Chenery 等（1986）对不同收入水平国家的资源再配置对全要素生产率增长效应的研究结论。

表 6-9　不同收入水平国家资源再配置对生产率增长的贡献

人均收入/美元	全要素生产率增长率/%	部门 Domar 加总的全要素生产率增长率/%	资源再配置总效应/%	资源再配置的贡献度/%
100～140	0.44	0.4	0.04	9.1
140～280	0.72	0.57	0.15	20.8
280～560	1.0	1.11	0.29	20.7
560～1120	2.8	1.72	0.56	24.6
1120～2100	2.92	2.17	0.75	25.7
2100～3360	3.11	2.71	0.4	12.9
500～2370（中国）	5.9	5.5	0.41	7.0

资料来源：Chenery 等（1986）。最后一行为本书作者自己计算

　　根据表 6-9，我国人均收入水平在 2002 年首次超过 1000 美元，那么对应的资源再配置总效应对全要素生产率增长率的贡献度应该在 25% 左右。而事实上我国行业资源再配置总效应对工业整体全要素生产率增长的贡献度仅为 7%，低于同等收入水平国家的资源再配置总效应的贡献度近 18 个百分点，而且非常不稳定，波动幅度较大。

　　我国工业为什么会出现资源再配置的弱效应？根据式（3-33），当出现以下两种情况时，要素流动的再配置效应对工业整体生产率增长产生正向影响：一种是要素流向边际产出较高的行业，另一种是要素从边际产出较低的行业退出。

　　人力资本附着在劳动力上，且随着劳动力的流动而在行业之间进行再配置。因此，本书主要分析资本再配置和劳动再配置弱效应的原因。

6.4.1　资本再配置的弱效应的原因分析

　　资本再配置对工业整体全要素生产率增长的影响效应较弱的直接原因在于资本在工业行业之间配置比例不合理，而根本原因在于我国政府主导的投融资体制。

1. 资本边际产出与资本流动

　　资本边际产出及资本的流向共同决定了资本再配置效应的强度和方向。表 6-10 是 1986～2007 年工业五个产业部门资本的边际产出，以及它们的资本存量增长率。

表 6-10　1986～2007 年各产业部门的资本边际产出与资本流动

年份	采矿业		劳动密集型产业		资本密集型产业		技术密集型产业		公用事业	
	MPK	$g(K)$	MPK	$g(K)$	MPK	$g(K)$	MPK	$g(K)$	MPK	$g(K)$
1986	0.476	0.134	1.297	0.482	0.853	0.308	0.661	0.152	0.268	0.074
1987	0.434	0.158	0.960	0.339	0.694	0.229	0.561	0.166	0.249	0.235
1988	0.377	0.157	0.754	0.188	0.541	0.290	0.520	0.117	0.214	0.329
1989	0.335	0.071	0.678	0.044	0.423	0.058	0.512	0.028	0.187	0.129

续表

年份	采矿业		劳动密集型产业		资本密集型产业		技术密集型产业		公用事业	
	MPK	$g(K)$	MPK	$g(K)$	MPK	$g(K)$	MPK	$g(K)$	MPK	$g(K)$
1990	0.313	0.095	0.599	0.079	0.371	0.030	0.443	0.051	0.166	0.164
1991	0.266	0.041	0.550	0.091	0.337	0.066	0.398	0.107	0.155	0.127
1992	0.278	0.103	0.500	0.143	0.308	0.139	0.387	0.130	0.145	0.138
1993	0.211	0.078	0.528	0.141	0.323	0.151	0.441	0.157	0.139	0.181
1994	0.219	0.070	0.505	0.132	0.296	0.172	0.389	0.170	0.092	0.271
1995	0.226	0.116	0.504	0.174	0.278	0.194	0.375	0.194	0.067	0.201
1996	0.243	0.087	0.405	0.154	0.230	0.165	0.336	0.158	0.070	0.074
1997	0.283	0.072	0.452	0.147	0.232	0.108	0.340	0.124	0.058	0.222
1998	0.220	0.208	0.450	0.124	0.219	0.065	0.339	0.066	0.061	0.138
1999	0.214	0.083	0.395	0.076	0.215	0.047	0.333	0.084	0.090	0.090
2000	0.212	0.073	0.402	0.076	0.226	0.028	0.349	0.070	0.113	0.097
2001	0.203	0.077	0.387	0.066	0.218	0.064	0.356	0.069	0.094	0.061
2002	0.200	0.109	0.388	0.123	0.217	0.093	0.355	0.102	0.094	0.049
2003	0.167	0.127	0.380	0.141	0.209	0.154	0.337	0.142	0.086	0.120
2004	0.148	0.158	0.343	0.161	0.187	0.188	0.330	0.176	0.081	0.111
2005	0.128	0.247	0.346	0.204	0.167	0.216	0.310	0.246	0.076	0.133
2006	0.118	0.298	0.337	0.229	0.145	0.227	0.269	0.257	0.067	0.216
2007	0.113	0.270	0.334	0.227	0.134	0.209	0.239	0.242	0.064	0.173

注：MPK 表示资本边际产出，MPK 根据式（3-31）计算得到。$g(K)$ 表示资本存量增长率，$g(K)$ 见第 5 章有关工业分行业数据整理的说明

根据表 6-10，在 1986～1988 年，资本边际产出较高的是劳动密集型产业和资本密集型产业。在 1989 年以后，技术密集型产业取代资本密集型产业，成为资本边际产出较高的产业部门。显然，当资本更多地流向这些产业部门时，资本再配置效应为正。相反，当资本更多地流入公用事业、采矿业及资本密集型产业（自 1989 年以后）时，资本再配置效应对工业整体生产率增长将产生负向影响。

对资本再配置效应研究的实证结果表明，在 1986～1989 年、1990～1992 年、1994 年、1996 年及 2002～2005 年，资本流入边际产出较高的劳动密集型产业、技术密集型产业所带来的资本再配置正效应，超过了资本流入边际产出较低的公用事业、资本密集型产业和采矿业所带来的资本再配置负效应，这造成这些阶段资本的总配置效应为正，但由于负效应的抵消作用，正效应的强度减弱。而在 1989 年、1993 年、1995 年、1997～2001 年及 2006～2007 年，资本流入边际产出较低的公用事业、采矿业和资本密集型产业所带来的资本再配置负效应，在完全抵消了资本流入边际产出较高的劳动密集型产业和技术密集型产业所带来的正效应

后，还造成资本再配置的总效应为负。同样，由于正效应与负效应相互抵消，负的影响效应的强度也减弱。

从上面的分析可以看出，资本的流动并没有完全按照边际规则流向边际产出较高的行业。资本在行业之间配置的不合理是导致资本再配置对生产率增长弱效应的直接原因。

2. 资本为什么没有流向边际产出更高的行业

按照基本的经济学原理，在市场经济条件下，竞争性压力总是要将生产要素配置到边际产出最高的行业，直到行业之间的要素收益相等时为止。但在我国，为什么资本没有完全流向具有更高产出的行业？原因在于我国政府主导型（包括中央政府和地方政府）的投融资体制。改革开放30多年来，虽然我国的投融资体制已经发生了重大变化，例如，在投融资决策方面，由过去的中央集权决策体制转变为中央、地方、部门、企业和个人的多级分权决策体制；在投融资资金来源方面，由过去的单一财政拨款渠道转变为财政、银行、地方政府、部门、企业和个人的多元资金来源渠道。但存在的基本问题仍然是政府主导和国家垄断。统计数据显示，在1995年全社会固定资产投资中，国有经济和集体经济投资额占70.87%，在2008年城镇固定资产投资中，国有控股和集体控股的投资额仍然占50%左右。[①]这种政府主导的投融资体制是这样安排和实现的：在1980年上下级政府之间实行财政分权后，上级政府控制金融资源总量，下级政府和企业竞争这些资源。由于下级政府和企业从上级政府获得的金融资源是无需偿还的，那么投资成功了算企业（地方政府）的，投资失败了算国家财政。在随后实行"拨改贷"后，国有银行取代国家财政成为主要的资金供给者，新的实现方式变为：下级政府和企业从上级政府处获得的银行贷款是无需偿还的，投资成功了仍然算企业（地方政府）的，投资失败了就是国家银行的（易纲和林明，2003）。

在这种缺乏投资风险约束机制的背景下，再加上地方政府的政绩压力，使得地方政府盲目上项目、搞重复建设、重复生产，这造成部分产品生产能力过剩，大量资源设备闲置和浪费。另外，国有企业表现出强烈的"投资饥渴"症状，无论其生产效率如何，企业均争相扩大投资。加之国有企业有国家担保，往往更容易从银行取得贷款实现投资扩张冲动。因此，一方面有大量的资本（大多是具有市场化行为的私人资本）被配置到边际产出较高的技术密集型产业和劳动密集型产业，而另一方面还有大量的资本被行政的力量配置到低效率的行业。而且使问题变得更为严重的是，由于大部分沉淀在低效行业的固定资产投资最终形成特定

---

① 1995年的数据来源于《中国固定资产投资统计年鉴1950—1995》第16页，2008年的数据来源于《中国统计年鉴》（2009年卷）。

要素，这些特定要素不能从特定产业退出而转移到效率更高的产业，并最终造成我国资本再配置的低效率。

6.4.2　劳动再配置的弱效应原因分析

与资本投入后形成特定要素而不能从特定行业退出不同，劳动力可以较容易地从某一行业退出。因此，劳动再配置对工业整体全要素生产率产生正影响效应主要源于两个方面：一个是劳动力流向具有较高边际产出的行业；另一个是劳动力从低边际产出的行业退出。

与资本再配置效应相似，劳动力的边际产出与劳动力的流向共同决定了劳动再配置效应的强度和方向。表 6-11 是 1986～2007 年工业五个产业部门的劳动边际产出与劳动投入增长率的变动情况。

表 6-11　1986～2007 年各产业部门的劳动边际产出与劳动投入增长率

年份	采矿业		劳动密集型产业		资本密集型产业		技术密集型产业		公用事业	
	MPL	g（L）	MPL	g（L）	MPL	g（L）	MPL	g（L）	MPL	g（L）
1986	0.383	0.080	0.565	0.072	0.491	0.092	0.292	0.048	0.361	0.079
1987	0.409	0.092	0.583	0.068	0.501	0.077	0.286	0.043	0.372	0.080
1988	0.384	0.054	0.594	0.026	0.490	0.056	0.322	0.046	0.387	0.078
1989	0.373	0.066	0.643	0.013	0.480	0.035	0.379	0.012	0.431	0.072
1990	0.454	0.021	0.652	0.019	0.463	0.008	0.380	0.019	0.438	0.065
1991	0.421	0.061	0.720	0.044	0.471	0.042	0.383	0.054	0.476	0.101
1992	0.522	0.002	0.758	0.021	0.503	0.024	0.426	0.025	0.501	0.045
1993	0.386	0.113	0.938	0.055	0.608	0.065	0.583	0.060	0.559	0.091
1994	0.453	0.008	1.000	0.071	0.653	0.028	0.602	0.041	0.425	−0.009
1995	0.524	−0.004	1.171	−0.008	0.712	0.008	0.719	−0.013	0.393	0.084
1996	0.671	0.024	1.136	0.021	0.724	0.021	0.846	0.032	0.503	0.027
1997	0.863	0.039	1.480	0.007	0.889	0.009	0.999	−0.006	0.482	0.138
1998	0.933	−0.058	1.723	−0.028	0.992	−0.097	1.232	0.013	0.597	0.078
1999	1.135	−0.080	1.925	−0.080	1.197	−0.081	1.446	−0.082	0.931	−0.006
2000	1.584	−0.001	2.351	−0.012	1.548	−0.036	1.872	−0.011	1.353	0.018
2001	1.663	0.036	2.753	0.009	1.796	−0.016	2.289	−0.011	1.302	−0.022
2002	1.981	0.010	3.219	0.022	2.132	−0.014	2.734	0.017	1.532	0.008
2003	1.885	0.019	3.957	0.024	2.478	0.022	3.175	0.074	1.619	0.009
2004	2.110	−0.053	4.571	−0.052	2.734	−0.039	3.877	−0.017	1.868	−0.040
2005	2.208	0.134	5.663	0.125	3.105	0.136	4.602	0.131	2.125	0.038
2006	2.537	0.133	6.519	0.087	3.408	0.075	4.999	0.104	2.213	0.025
2007	3.046	0.097	7.786	0.061	3.951	0.071	5.803	0.087	2.653	0.008

注：MPL 表示劳动边际产出，MPL 根据式（3-32）计算得到。g（L）表示劳动投入增长率，g（L）见第 5 章有关工业分行业数据整理的说明

　　根据表 6-11，劳动密集型产业在所有时期的劳动边际产出均最高。资本密集型产业的劳动边际产出在 1995 年以前处于第二位。在 1995 年以后技术密集型产业取代资本密集型产业，成为劳动边际产出较高的产业部门。在 1997 年以前与2001~2007 年，各产业部门的劳动投入除个别年份外均为正增长，决定这两个时期劳动再配置效应的是劳动力是否被配置到劳动边际产出较高的行业。实证研究发现，在 1997 年以前，除 1986 年与 1995 年外，其余时段内劳动再配置效应均为正。在 2001~2007 年，除 2002 年和 2006 年外，其余四个年份的劳动再配置效应均为正值。这种正效应主要产生于劳动力流向边际产出较高的劳动密集型产业、资本密集型产业（1995 年以前）及技术密集型产业（1995 年以后）带来的劳动再配置正效应超过了另外一部分劳动力被配置到边际产出较低的采矿业、公用事业部门、资本密集型产业部门（1995 年以后）和技术密集型产业（1995 年以前）所产生的负效应。总的来看，正、负再配置效应相互抵消后，总的劳动力再配置效应强度减弱。

　　在 1997 年以后，特别是 1998~2000 年，国有企业的战略性结构调整与重组所导致的劳动力从工业行业退出对劳动再配置效应产生显著影响。在这一时期，劳动力从边际产出较高的产业部门退出会带来负的劳动再配置效应，相反，从边际产出较低的行业退出则会产生正的劳动力再配置效应。

　　根据表 6-8，在这一阶段（1998~2000 年）中劳动再配置的正效应在 1998 年达到最大，为 1.14%，1999 年则减小到 0.57%，2000 年一度为负效应。与表 6-11相对应，1998 年劳动力主要从资本密集型产业和采矿业中退出，这两个产业部门的边际产出较低，劳动同时也流入边际产出较高的技术密集型产业。这两者的共同作用导致该年度劳动再配置对工业整体全要素生产率增长的正效应较强。随后的 1999~2000 年，劳动力从边际产出较高的劳动密集型产业和技术密集型产业退出，同时还有部分劳动力从边际产出较低的采矿业和资本密集型产业退出。这样，正、负的劳动力再配置效应相互抵消后，使得这一时期总的正再配置效应减小，甚至在 2000 年出现负效应。

　　根据上面的分析，可以认为，劳动再配置效应对工业整体生产率的影响强度较弱，直接原因是劳动力在工业行业之间的配置不合理。一部分劳动力在流向（退出）边际产出较高的行业同时，另一部分劳动力也流向（退出）了边际产出较低的行业。造成这种现象的原因在于我国劳动力市场供求关系的不均衡，以及不合理的收入分配关系。当前我国的劳动力市场供给远大于经济增长对劳动力的需求，在这种情况下，必然会有部分劳动力会流向边际产出较低的行业。另外，一些边际产出较低的垄断性行业（如公用事业部门）的薪酬待遇远高于竞争性行业。一些研究表明，受教育水平较高的人更倾向于被分配到国有垄断性行业（邢春冰，2005）。不合理的收入分配关系也是造成劳动力再配置不合理的根源之一。

6.5　小　　结

生产要素流动、资源再配置及产业结构调整对技术进步和经济增长的重要作用可以追溯到刘易斯的二元经济学说，Chenery 等（1986）与 Syrquin（1995）指出，资源再配置是经济增长的源泉。本章实证分析了中国工业增长的资源再配置因素。

劳动再配置对劳动生产率增长效应的研究表明，在 1985～2007 年工业整体劳动生产率的增长主要得益于工业行业自身劳动生产率的提高，其贡献度达到 94.8%。而行业之间的劳动力再配置对工业整体劳动生产率增长的影响强度较弱，其中，静态资源再配置效应的贡献度为 0.8%，动态资源再配置效应的贡献度为 4.4%。

资源再配置对全要素生产率增长效应的研究表明，在 1986～2007 年，资源再配置总效应平均使整体工业全要素生产率增长率每年提高约 0.41 个百分点，对工业整体全要素生产率增长率的贡献度为 7%。其中，资本再配置效应平均使工业整体全要素生产率增长率提高 0.12 个百分点，对工业整体全要素生产率增长的贡献度为 2%。劳动力再配置效应能使工业整体全要素生产率增长率提高 0.29 个百分点，其贡献度为 5%。人力资本的再配置效应几乎为零。

对于工业整体而言，在平均意义上，纯生产率增长对这一时期产出增长的贡献度为 42.7%，资源再配置的贡献度为 3.2%，资本投入的贡献度为 40.3%，劳动投入的贡献度为 9.3%，人力资本的贡献度为 4.5%。

分阶段看，在 1986～1995 年，纯生产率增长对这一时期产出增长的贡献度为 -3.7%，资源再配置的贡献度为 4.2%，资本投入的贡献度为 74.39%，劳动投入的贡献度为 17.23%，人力资本的贡献度为 7.9%。在 1996～2007 年，纯生产率增长对这一时期产出增长的贡献度为 69.6%，资源再配置的贡献度为 2.8%，资本投入的贡献度为 20.23%，劳动投入的贡献度为 4.8%，人力资本的贡献度为 2.6%。核算结果显示，在 1996 年以后纯生产率提高成为这一时期工业产出增长的主要推动力量，智力要素贡献度合计达到 75%。这表明自 1996 年以来我国工业的增长方式已经开始由粗放型向集约型转变，但资源再配置的贡献度依然较小。

造成资源再配置对工业整体全要素生产率增长的影响较弱的主要原因在于资本和劳动力的配置不合理，而根源在于政府主导性的投融资体制、劳动力市场的供求失衡及不合理的收入分配制度。

第7章 结论与展望

7.1 主 要 结 论

本书从总量增长因素、行业增长因素与结构转变即资源再配置因素等三个层次对中国工业增长因素进行了多维度、系统、全面的考察。研究结论发现,自 1996 年以来,中国工业的增长方式开始了由粗放型向集约型的转变。但不同工业行业的增长方式又表现出很强的异质性,特别是垄断性行业的粗放式增长已经阻碍了工业整体增长方式的转变。资源再配置对工业增长有正向影响,但其影响强度较弱。全书的主要结论如下。

7.1.1 1952～2007 年中国工业总量增长因素

(1) 1952～2007 年我国工业总量资本生产率的年均增长率约为 0.6%。其中,在 1952～1957 年、1963～1970 年及 1977～1985 年这三个时间段中,资本生产率呈上升趋势,资本生产率年均增长率分别为 11.8%、11.3% 和 1.1%;在 1958～1962 年、1971～1976 年及 1986～1995 年,资本生产率呈下降趋势,资本生产率年均增长率分别为−10.6%、−2.8%和−9.8%,这三个阶段中的资本存量增长率超过工业增加值增长率,工业存在过度投资。1996～2007 年资本生产率较为平稳,没有明显的上升或下降趋势。

(2) 1952～2007 年我国工业劳动生产率年均增长率为 7.9%,其中,在 1952～1990 年劳动生产率缓慢上升,劳动生产率的平均增长速度为 5.5%,1990～2007 年劳动生产率上升趋势加速,曲线变得更加陡峭,其平均增长速度也提高到 13.1%。

对劳动生产率增长的分解发现,各因素对劳动生产率增长的贡献度因时间而异。总体上,处于改革开放以前的 1952～1957 年和 1962～1970 年,以及 1991～2007 年劳动生产率增长的主要推动力是全要素生产率的增长,而在其他阶段劳动生产率的增长主要是源于单位劳动结合的资本数量。

(3) 使用隐性变量法对总量数据和总量生产函数的计量回归分析表明,在 1952～1977 年资本产出弹性为 0.727,有效劳动的产出弹性为 0.308,要素产出弹性之和为 1.035。1978～2007 年资本产出弹性为 0.451,有效劳动产出弹性为 0.527,要素产出弹性之和为 0.978。要素产出弹性之和表明我国工业生产在大体上表现出规模收益不变的特征。

（4）在 1952～1977 年我国工业总量水平的全要素生产率年均增长率为 2.48%，这一时期全要素生产率增长率主要发生在 1952～1966 年，全要素生产率年均增长率高达 5.99%。在 1978～2007 年全要素生产率年均增长率为 2.66%，全要素生产率年均增长主要发生在 1996～2007 年，这一阶段全要素生产率年均增长率高达 8.10%，而且波动幅度较小，增长率的标准差仅为 0.033。

（5）增长核算表明，在 1952～1977 年，资本投入对工业产出增长的贡献度高达 56.7%，劳动投入的贡献度为 14.37%，初级要素投入的贡献度合计达 71.07%；人力资本的贡献度为 9.62%，全要素生产率增长率的贡献度为 19.31%，智力要素的贡献度合计 28.93%。这表明，在改革开放以前，我国工业表现出粗放式增长方式。

在 1978～2007 年，资本投入的贡献度为 53.48%，劳动投入的贡献度为 15.12%，初级要素投入贡献度合计为 68.60%。人力资本的贡献度为 8.69%，全要素生产率增长率的贡献度为 22.70%，智力要素贡献度合计 31.39%。总体上，这一阶段的工业仍然为粗放型增长。但在 1996～2007 年全要素生产率增长率对产出增长贡献度达到 55%，智力要素贡献度合计达到 57.14%，首次超过初级要素投入的贡献度（合计 42.87%），智力要素成为推动这一时期工业增长的首要动力，这一时期是自中华人民共和国成立以来工业生产率水平获得平稳较快增长的最好时期。这也表明，自 1996 年以来我国工业增长方式开始了由粗放型向集约型转变。

7.1.2　1985～2007 年中国工业分行业增长因素

（1）1985～2007 年，中国工业行业平均的资本产出弹性为 0.360，有效劳动投入的平均产出弹性为 0.633。工业显示出规模报酬不变的特征。由于资本—劳动比率的持续上升，在规模报酬不变的条件下，整个期间资本产出弹性逐渐减小，而劳动的产出弹性则随时间增加。

（2）1985～2007 年工业行业平均的全要素生产率增长率为 0.054。其中，采矿业的全要素生产率年均增长率为 3.06%，制造业的为 6.41%，公用事业的全要素生产率增长最慢，为 0.23%。在制造业内部，劳动密集型产业的全要素生产率增长率为 6.06%，资本密集型产业的全要素生产率增长率最小，仅为 3.6%，技术密集型产业的增长率最大，为 9.2%。单独对垄断性行业进行的核算发现，垄断性行业的全要素生产率年均增长率为–1.3%。垄断性行业的负增长拉低了工业整体的全要素生产率增长率。

（3）在行业平均的意义上，1985～2007 年不变价工业增加值增长率为 13.0%，其中，初级要素投入对增长的贡献度为 54.2%，智力要素的贡献度为 45.9%。初级要素投入是推动产出增长的首要因素，但智力要素对也发挥了非常重要的作用。

特别地，剔除石油和天然气开采业，以及石油加工、炼焦及核燃料加工业两个行业的异常值后，智力要素对产出增长的贡献度上升到 48.3%，而初级要素投入的贡献度下降到 51.7%。智力要素对产出增长的贡献度与初级要素投入的贡献度已经非常接近。

（4）从产业部门来看，在制造业增长中智力要素的贡献度合计为 50.7%，初级要素投入的贡献度为 49.4%。在采矿业增长中智力要素的贡献度合计为 37.6%，初级要素投入的贡献度合计 62.5%。对公用事业产出增长贡献最大的是资本投入，其贡献度为 72.8%，其次是劳动投入的贡献度，为 23%，人力资本的贡献度为 4.8%，全要素生产率增长率对产出几乎没有贡献。在整体上制造业表现出集约型增长，而采矿业和公用事业为粗放型增长。

（5）在制造业内部，在技术密集型产业增长中智力要素的贡献度最高，合计为 61.2%，初级要素投入的贡献度 38.8%。智力要素对劳动密集型产业产出增长的贡献合计 47.7%，初级要素投入的贡献度为 52.2%。对于资本密集型产业部门，初级要素投入的贡献度为 61.7%，远远大于智力要素的贡献度 38.3%。这说明，在制造业内部，技术密集型产业和劳动密集型产业表现出集约型增长，但资本密集型产业表现出粗放型增长。

（6）由单独对垄断性行业进行的生产核算发现，全要素生产率增长率的贡献度为–14.9%，资本投入的贡献度则高达 85.2%，劳动投入的贡献度为 23.5%，人力资本的贡献度为 6.2%。垄断性行业表现出典型的粗放式增长的特征。提高垄断性行业的产出效率已经成为现阶段工业化进程中的一个急迫的任务。

7.1.3　1985～2007 年中国工业增长的资源再配置因素

1. 劳动力再配置对劳动生产率增长的效应

在 1985～2007 年，工业整体劳动生产率的增长主要得益于工业行业自身劳动生产率的提高，其贡献度达到 94.79%。而行业之间的劳动力再配置对工业劳动生产率增长的贡献度较弱，其中静态资源再配置效应的贡献度为 0.82%，动态资源再配置效应的贡献度为 4.39%。

2. 资源再配置对工业整体全要素生产率增长的效应

（1）在 1985～2007 年，根据行业加总数据核算的工业整体全要素生产率平均增长率为 5.9%，其中，行业加权平均全要素生产率增长率为 5.5%，资源再配置效应为 0.4%。资源再配置效应对工业整体生产率增长的贡献度为 7%，对产出增长的贡献度为 3.2%。资源再配置对全要素生产率和产出增长的影响效应较弱。

（2）对资源再配置效应的分解显示，资本再配置效应平均使工业整体全要素生产率增长率提高 0.12 个百分点，其对工业整体全要素生产率增长的贡献度为 2%。劳动再配置效应平均使工业整体全要素生产率增长率提高 0.29 个百分点，其贡献度为 5%。人力资本的再配置效应几乎为零。

分阶段看，在 1997 年以后劳动再配置效应系统地大于资本的再配置效应。这一转折点与国有企业的战略性改组、重组的时间恰好重合。国有企业改革带来的大批富余人员从低效率行业的退出是导致 1998 年以后劳动再配置效应提高的主要原因。

（3）导致资本和劳动力再配置弱效应的直接原因在于生产要素配置不合理。而根本原因在于我国政府主导型的投融资体制，劳动力市场的供求矛盾，以及不合理的收入分配关系。

3. 行业加总的工业整体增长因素分析

（1）在 1986～2007 年，纯生产率增长对工业整体产出增长的贡献度为 42.7%，资源再配置的贡献度为 3.2%，资本投入的贡献度为 40.3%，劳动投入的贡献度为 9.3%，人力资本的贡献度为 4.5%。

（2）分阶段看，在 1986～1995 年，纯生产率增长对工业整体产出增长的贡献度为-3.7%，资源再配置的贡献度为 4.2%，资本投入的贡献度为 74.39%，劳动投入的贡献度为 17.23%，人力资本的贡献度为 7.9%。资本投入是这一阶段产出增长的主要推动力，工业增长表现为粗放型增长。

在 1996～2007 年，纯生产率增长对工业整体产出增长的贡献度为 69.6%，资源再配置的贡献度为 2.8%，资本投入的贡献度为 20.23%，劳动投入的贡献度为 4.8%，人力资本的贡献度为 2.6%。智力要素投入的贡献度达到 75%，智力要素成为这一时期工业产出增长的主要推动力量。这表明，自 1996 年以来我国工业的增长方式已经开始由粗放型向集约型转变，但资源再配置的贡献度依然较小。

虽然中国工业在整体上已经表现出集约型增长方式，但仍然存在以下问题。

（1）资本密集型产业、采矿业与公用事业等产业部门的增长中智力要素的贡献度较低，这些产业部门表现为粗放型增长。尤其值得注意的是，在垄断性行业的增长中智力要素的贡献度甚至为负值。转变资本密集型产业、采矿业、公用事业等产业部门的增长方式，已经成为工业整体增长方式转变的关键。

（2）资源再配置增长效应较弱。实证分析表明，我国工业行业间资源再配置总效应对生产率提高的贡献度大约为相同收入水平国家的 1/3。这种现象的直接原因在于资本和劳动力在行业之间的分配不合理，而深层次原因在于政府主导性的投融资体制、供求失衡的劳动力市场及不合理的收入分配关系。

（3）资本产出弹性持续下降。总量数据研究显示，工业的资本产出弹性由

1952～1977 年的 0.727 降低到 1978～2007 年的 0.451。在 1985～2007 年，工业行业平均的资本产出弹性由 1985 年的 0.543 下降到 2007 年的 0.191。资本产出弹性的减小带来了资本边际产出的下降，这意味着中国的工业出现了过度投资和投资效率低下等问题（Qin and Song,2009）。

（4）人力资本对产出增长的贡献度较小。实证研究发现，人力资本存量增长对工业总量产出增长的贡献度最大值的是 1978～1985 年的 23.77%,在 1996～2007 年人力资本的贡献度仅有 2.14%。Mankiw 等（1992）的跨国研究显示，在 1960～1985 年人力资本对长期经济增长的贡献度大约为 50%。这些数据表明，我国人力资本对产出增长的贡献度与发达国家相比还有较大差距，人力资本的作用尚没有得到充分发挥。

（5）资本生产率和劳动生产率还处于较低水平。资本生产率和劳动生产率等单要素生产率是衡量生产效率的重要指标。实证研究显示，2004 年我国工业劳动生产率仅为美国的 1/16，韩国的 1/10；我国的资本生产率是美国的 1/4，日本的 1/3。这表明，我国的单要素生产率在绝对数量上与发达国家的还有较大差距。

7.2　政　策　建　议

基于理论分析和实证研究结论，提出如下政策建议，以推进中国工业经济增长方式的转变，实现又快又好增长。

（1）塑造效率主导型的投融资机制。改革的关键是转变政府职能，减少政府对投资领域的干预。同时要完善市场机制，增强市场对投资的导向作用。发展资本市场，扩大通过资本市场融资的比例。通过对投融资体制进行实质性改革，提高投融资效率。

（2）进一步推动收入分配制度、社会保障制度和福利体系的改革，通过经济利益机制引导劳动力在工业行业之间合理流动，提高劳动力和人力资本的再配置效应。

（3）进一步提高劳动者素质，充分发挥人力资本在技术革新、吸收学习和传播先进技术方面的作用，为工业增长方式的转变提供持续可靠的动力源泉。

（4）对资本密集型产业和采矿业，要通过破产方式淘汰那些技术水平和生产工艺落后的企业，推动优势企业通过兼并重组困难企业，将优势企业做大做强，提高规模效益。通过增强自主创新能力和技术革新能力，尽快实现这些产业部门的增长方式的转型。

（5）对于垄断性行业，首要的是尽快扭转全要素生产率负增长的趋势。改革的关键是引入竞争机制。可以尝试通过向民间资本转让经营权、鼓励民间资本参股、控股的形式打破垄断，保证充分竞争，让市场机制在这些行业发挥基础性作用。

7.3 主要创新点

本书的创新点主要体现在以下四个方面。

（1）根据贝克尔、卢卡斯等学者的人力资本理论，将人力资本作为增长因素之一，构建了三要素投入的增长因素分解模型，克服了传统两要素增长模型中因遗漏重要解释变量而高估技术进步率的缺陷。使用扩展模型对 1952～2007 年中国工业总量增长因素的研究发现，1952～1995 年中国工业表现为粗放型增长，在 1996 年以后增长方式开始向集约型转变。

（2）突破传统的总量生产函数与指数方法不能反映工业行业增长异质性的局限，将面板数据与无任何强约束的超越对数生产函数相结合构建计量分析模型。实证研究发现，在 1985～2007 年工业行业的全要素生产率增长率分布在-6.8%到 11.4%的较宽的区间内。在技术密集型产业的增长中智力要素的贡献度已经超过了初级要素的贡献度，在劳动密集型产业中两者的贡献度大体相等，这两个产业部门表现为集约型增长。在资本密集型产业、采矿业与公用事业中智力要素对产出增长的贡献度较小，这些产业部门仍然表现为粗放型增长。单独对垄断性行业的增长核算发现，垄断性行业的增长完全依靠初级要素投入，智力要素的贡献度为负。

（3）通过添加人力资本变量拓展了钱纳里—塞尔奎因定量研究资源再配置效应的理论模型，克服了原模型不能反映人力资本存量变化对生产率增长影响的不足。利用该拓展模型将资源再配置总效应进一步分解为劳动再配置效应、资本再配置效应和人力资本再配置效应，以充分反映不同投入要素在工业行业之间的分布和配置效率，为我国制定有针对性的差异化的产业政策，引导生产要素流动，提高资源再配置总效应，推进经济增长方式转变提供理论依据。实证分析发现，自 1985 年以来，我国工业整体生产效率的提高主要依赖于工业行业自身的技术进步，结构红利对生产效率的提高发挥了一定作用，但对整体的影响并不显著。

（4）运用加总法和比例调整法，将 1997 年以前的乡及乡以上独立核算工业，以及 1998 年以后的全部国有工业及规模以上非国有工业的统计口径统一调整为全部工业口径，解决了长期以来工业统计口径不统一的难题，克服了已有研究局限于某一较短的时段，或者局限于部分类型工业企业（特别是国有工业企业）的不足。同时将按照不同分类标准的工业行业统一归并为按照 GB/T 4754－2002 标准分类的工业行业。在此基础上构造出了 1952～2007 年工业总量投入产出时间序列数据库与 1985～2007 年 36 个两位数工业行业面板数据库。

7.4　有待进一步研究的问题

对中国工业增长因素的分析是国内外学术界长期关注的有着重要意义的研究领域，国内外学者已做了许多有价值的研究和探索。本书在对文献梳理的基础上，从系统、全面和多维度的视角出发，对中国工业经济增长因素实现了全新的研究，从而对国内外的已有研究进行了进一步的拓展和补充。但限于数据、物力、财力的原因，仍有很多有价值的研究有待展开，这些应当进一步深入研究的问题主要有以下几个方面。

（1）本书的主要内容之一是从总量层次和行业层次分析工业的全要素生产率增长率和增长的要素贡献度，但没有更进一步分析造成行业间全要素生产率增长率差异的主要原因，因而也不能得到造成工业行业之间增长方式差异的主要影响因素。这是本书后续研究的课题之一。

（2）本书对于资源再配置增长效应分析的基础是工业行业之间要素边际产出的不同。事实上，即便是在同一行业内部，不同企业之间的要素边际产出也存在差异，那么，在逻辑上，当由新企业进入及原有企业退出导致的要素在行业内部不同企业之间的流动时，也会对行业整体乃至工业整体的全要素生产率和增长方式造成显著的影响。因此，进一步研究企业之间的资源再配置增长效应是本书后续研究的另一个主要方向之一。

（3）中国工业在获得快速增长的同时，也付出了沉重的资源和环境代价，在发达国家上百年工业化过程中分阶段出现的环境问题在中国已经集中出现。那么，如何协调建设资源节约型、环境友好型社会与工业增长之间的矛盾，是需要进一步深入研究的问题。

参 考 文 献

蔡昉, 王德文. 1999. 中国经济增长可持续性与劳动贡献[J]. 经济研究, (10): 62-68.

陈昆亭, 龚六堂. 2006. 工业革命与资本主义精神: 两部门的经济增长模型[J]. 世界经济, (9): 3-11.

陈诗一. 2009. 能源消耗、二氧化碳排放与中国工业的可持续发展[J]. 经济研究, (4): 41-55.

陈勇, 李小平. 2007. 中国工业行业的技术进步与工业经济转型[J]. 管理世界, (6): 56-63.

陈勇, 唐朱昌. 2006. 中国工业的技术选择与技术进步: 1985 – 2003[J]. 经济研究, (9): 50-61.

大琢启二郎, 刘德强, 村上直树. 2002. 中国的工业改革[M]. 上海: 上海人民出版社, 上海三联书店.

干春晖, 郑若谷. 2009. 改革开放以来产业结构演进与生产率增长研究[J]. 中国工业经济, (2): 55-65.

郭克莎. 1993. 中国: 改革中的经济增长与结构变动[M]. 上海: 上海三联书店, 上海人民出版社.

郭庆旺, 贾俊雪. 2005. 中国全要素生产率的估算: 1979 – 2004[J]. 经济研究, (6): 51-60.

国家统计局国民经济核算司. 1999. 中国 1997 年投入产出表[M]. 北京: 中国统计出版社.

何枫, 陈荣, 何林. 2003. 我国资本存量的估算及其相关分析[J]. 经济学家, (5): 29-33.

贺菊煌. 1992. 我国资产的估算[J]. 数量经济技术经济研究, (8): 24-27.

胡永泰. 1998. 中国全要素生产率: 来自农业部门劳动力再配置的首要作用[J]. 经济研究, (3): 62-68.

胡永泰, 海闻, 金毅彪. 1994. 中国企业改革究竟获得了多大成功[J]. 经济研究, (6): 20-32.

黄勇峰, 任若恩. 2002. 中美两国制造业全要素生产率比较研究[J]. 经济学(季刊), (1): 161-180.

黄勇峰, 任若恩, 刘晓生. 2002. 中国制造业资本存量永续盘存法估计[J]. 经济学(季刊), 2(1): 378-396.

李红玉, 王皓, 郑玉歆. 2008. 企业演化: 中国工业生产率增长的重要途径[J]. 经济研究, (6): 12-24.

李京文. 1996. 中国生产率理论、测算与对策研究专集前言[J]. 数量经济技术经济研究, (12): 3-6.

李京文, 郑玉歆, 薛天栋. 1993. 中国生产率变动趋势研究[M]. 北京: 社会科学文献出版社.

李念慈, 施慧敏. 1984. 机械工业的折旧年限要充分考虑固定资产的无形损耗[J]. 经济研究, (11): 74-76.

李胜文, 李大胜. 2008. 中国工业全要素生产率的波动: 1986 – 2005——基于细分行业的三投入随机前沿生产函数分析[J]. 数量经济技术经济研究, 5: 43-54.

李小平, 卢现祥. 2007. 中国制造业的结构变动和生产率增长[J]. 世界经济, (5): 52-64.

李小平, 朱钟棣. 2005. 中国工业全要素生产率的测算——基于各行业面板数据的分析[J]. 管理世界, (3): 56-64.

李小平, 卢现祥, 朱钟棣. 2008. 国际贸易、技术进步和中国工业行业的生产率增长[J]. 经济学(季刊), 7(2): 549-564.

李治国, 唐国兴. 2003. 资本形成路径与资本存量调整模型——基于中国转型时期的分析[J]. 经济研究, (2): 34-42.

林毅夫, 蔡昉, 李周. 1994. 中国的奇迹: 发展战略与经济改革[M]. 上海: 上海三联书店.

刘国光. 1997. 中国经济适度快速稳定增长的理论与对策[J]. 经济研究, (10): 3-6.

刘树成, 张晓晶. 2007. 中国经济持续高增长的特点和地区间经济差异的缩小[J]. 经济研究, (10): 17-31.

刘伟, 张辉. 2008. 中国经济增长中的产业结构变迁和技术进步[J]. 经济研究, (11): 4-15.

刘易斯 A. 1989. 二元经济论[M]. 施炜, 谢兵, 苏玉宏, 等译. 北京: 北京经济学院出版社.

刘遵义. 1997. 东亚经济增长的源泉与展望[J]. 数量经济技术经济研究, (10): 89-97.

柳标, 田椿生. 1980. 关于我国固定资产折旧的几个问题[J]. 经济研究, (9): 62-67.

罗默 D. 2003. 高级宏观经济学[M]. 王根蓓译. 上海: 上海财经大学出版社.

卢卡斯 E R. 2003. 经济发展讲座[M]. 罗汉, 应洪基译. 南京: 江苏人民出版社.

吕铁. 2002. 制造业结构变化对生产率增长的影响研究[J]. 管理世界, (2): 87-94.

马骏, 王霄鹏. 1991. 产业结构变动对生产率影响的定量测算[J]. 数量经济技术经济研究, (2): 58-63.

马歇尔 A. 2006. 经济学原理[M]. 陈瑞华, 等译. 西安: 陕西人民出版社.

孟连. 1982. 对改善固定资产折旧基金管理的几点意见[J]. 经济研究, (5): 33-35.

孟连, 王小鲁. 2000. 对中国经济增长统计数据可信度的估计[J]. 经济研究, (10): 3-13.

穆勒 J. 2009. 政治经济学原理[M]. 金镝, 金熠译. 北京: 华夏出版社.

潘士远, 史晋川. 2002. 内生经济增长理论: 一个文献综述[J]. 经济学(季刊), 1(4): 753-786.

齐默尔曼 K F. 2004. 经济学前沿问题[M]. 申其辉, 孙静, 周晓, 等译. 北京: 中国发展出版社.

乔根森 D W. 2001. 生产率(上下卷)[M]. 李京文, 等译. 北京: 中国发展出版社.

乔根森 D W, 格瑞里彻斯 Z. 1998. 生产率变化的解释[A]//索洛 R M, 等. 经济增长因素分析[C]. 北京: 商务印书馆.

任若恩. 2002. 中国 GDP 统计水分有多大——评两个估计中国 GDP 数据研究的若干方法问题[J]. 经济学(季刊), 2(1): 37-52.

任若恩, 刘晓生. 1997. 关于中国资本存量估计的一些问题[J]. 数量经济技术经济研究, (1): 19-24.

任若恩, 孙琳琳. 2009. 我国行业层次的 TFP 估计: 1981 – 2000[J]. 经济学(季刊), 8(3): 925-950.

盛洪. 1996. 关于中国市场化改革的过度过程的研究[J]. 经济研究, (1): 69-81.

斯蒂格利茨 J E. 2000. 经济学[M]. 2 版. 梁小民, 等译. 北京: 中国人民大学出版社.

涂正革, 肖耿. 2005. 中国的工业生产力革命——用随机前沿生产函数对大中型工业企业全要素生产率增长的分解及分析[J]. 经济研究, (3): 4-15.

汪向东. 1996. 资本投入度量方法及其在中国的应用[J]. 数量经济技术经济研究, (12): 41-48.

王德文, 王美艳, 陈兰. 2004. 中国工业的结构调整、效率与劳动配置[J]. 经济研究, (4): 41-49.

王小鲁, 樊纲. 2000. 中国经济增长的可持续性——跨世纪的回顾与展望[M]. 北京: 经济科学出版社.

王晓鲁. 1997. 对乡镇企业增长的重新估计——制度变革对增长的影响[J]. 经济研究, (1): 13-21.

吴敬琏. 2006. 中国增长模式抉择[M]. 上海: 上海远东出版社.

谢千里, 罗斯基, 张轶凡. 2008. 中国工业生产率的增长与收敛[J]. 经济学(季刊), 7(3): 809-826.

邢春冰. 2005. 不同所有制企业的工资决定机制考察[J]. 经济研究, (6): 16-26.

许宪春. 2001. 中国现行工农业不变价增加值的计算方法及改革[J]. 管理世界, (5): 61-66.

许宪春. 2002. 中国国内生产总值核算[J]. 经济学(季刊), 2(1): 23-36.

许宪春. 2009. 中国国民经济核算体系的建立、改革和发展[J]. 中国社会科学, (6): 41-59.

薛俊波, 王铮, 朱建武. 2004. 中国经济增长的"尾效"分析[J]. 财经研究, (9): 115-121.

姚洋, 章奇. 2001. 中国工业企业技术效率分析[J]. 经济研究, (10): 13-28.

姚战琪. 2009. 生产率增长与要素再配置效应: 中国的经验研究[J]. 经济研究, (11): 130-142.

易纲, 林明. 2003. 理解中国经济增长[J]. 中国社会科学, (2): 45-60.

袁堂军. 2009. 中国企业全要素生产率水平研究[J]. 经济研究, (6): 52-64.

岳希明, 任若恩. 2008. 测量中国经济的劳动投入: 1982—2000 年[J]. 经济研究, (3): 16-28.

曾先峰, 李国平. 2009. 资源再配置的增长效应: 理论脉络与最新进展[J]. 当代经济科学, (5): 116-123.

张军. 2002. 增长、资本形成与技术选择: 解释中国经济增长下降的长期因素[J]. 经济学(季刊), 1(2): 301-338.

张军, 陈诗一, Jefferson G H. 2009. 结构改革与中国工业增长[J]. 经济研究, (7): 4-20.

张军, 施少华, 陈诗一. 2003. 中国的工业改革与效率变化——方法、数据、文献和现有的结果[J]. 经济学(季刊), 3(1): 1-38.

张军, 吴桂英, 张吉鹏. 2004. 中国省际物质资本存量的估算: 1952—2000[J]. 经济研究, (10): 35-44.

张军扩. 1991. "七五"期间经济效益的综合分析[J]. 经济研究, (4): 8-17.

张荣刚. 1997. 国有企业的产出增长与要素贡献度分析[J]. 经济研究, (6): 27-35.

郑文平. 1998. 我国工业经济增长因素实绩分析——兼论增长因素分析方法[J]. 中国工业经济, (2): 8-12.

郑玉歆. 1992. 80 年代中国制造业的增长、效率与结构变动[R]. 香港国际学术会议论文.

钟春平, 徐长生. 2006. 创造性破坏与收入差距的震荡式扩大[J]. 经济研究, (8): 114-123.

周叔莲. 1984. 大企业也要搞活[J]. 经济研究, (12): 37-40.

朱勇, 吴易风. 1999. 技术进步与经济的内生增长——新增长理论发展述评[J]. 中国社会科学, (1): 12-41.

Abramovitz M. 1956. Resource and output trends in the United States since 1870[J]. American Economic Review, 46: 5-23.

Abramovitz M. 1986. Catching up, forging ahead, and falling behind[J]. Journal of Economic Histroy, 46: 385-406.

Aghion P, Howitt P. 1992. A model of growth through creative destruction[J]. Econometrica, 60(2): 323-351.

Akkemik K A. 2005. Labor productivity and inter-sectoral reallocation of labor in Singappore (1965-2002)[J]. Ge Growth Math Methods, 30: 1-22.

Arrow K J. 1962. The economic implications of learning by doing[J]. Review of Economic Studies, 29: 155-173.

Bagona C, Locay L. 2009. Entrepreneurship and productivity: the slow growth of the planned economies[J]. Review of Economic Dynamics, 12(3): 505-522.

Barro R J, Sala-i-Martin X. 1992. Convergence[J]. Journal of Political Economy, 100: 23-51.

Barro R J, Sala-i-Martin X. 1995. Technological diffusion, convergence and growth[R]. Discussion Paper 1255, London: Centre for Economic Policy Research.

Barro R J, Sala-i-Martin X. 2004. Economic Growth[M]. 2nd . London: The MIT Press.

Baumol W J. 1967. Macroeconomic of unbalanced growth: the anatomy of urban crisis[J]. American Economic Review, 57: 415-426.

Baumol W J. 1985. Productivity policy and the service sector[A]// Inman R P. Managing the Service Economy: Prospects and Problems[C]. Cambridge: Cambridge University Press.

Becker G S. 1964. A theory of the allocation of time[J]. Economic Journal, 75: 493-517.

Bianchi C, Menegatti M. 2005. Neoclassical versus technological convergence: an empirical analysis applied to the Italian regions[J]. Rivista Internazionale Di Scienze Social, 3:271-287.

Bosworth B, Collins S M. 2003. The empirics of growth: an update[J]. Brookings Papers on Economic Activity, (2): 113-206.

Bosworth B, Collins S M. 2008. Accounting for growth: comparing China and India[J]. Journal of Economic Perspectives, 22(1): 45-66.

Brixiova Z, Bulir A. 2003. Output performance under central planning: a model of poor incentives[J]. Economic Systems, 27(1): 27-39.

Bu Y S. 2006. Fixed capital stock depreciation in developing countries: some evidence from firm level data[J]. Journal of Development Studies, 42(5): 881-901.

Cass D. 1965. Optimum growth in an aggregative model of capital accumulation[J]. Review of Economic Studies, 32: 233-240.

Chen K, Jefferson G H, Rawski T G, et al. 1988b. New estimates of fixed investment and capital stock for Chinese state industry[J]. The China Quarterly, 114: 243-266.

Chen K, Wang H C, Zheng Y X, et al. 1988a. Productivity change in Chinese industry: 1953-1985[J]. Journal of Comparative Economics, 12: 570-591.

Chenery H B, Robinson S, Syrquin M. 1986. Industrialization and Growth: A Comparative Study[M]. New York: Oxford University Press.

Chenery H B, Syrquin M. 1975. Patterns of Development, 1950-1970[M]. London: Oxford University Press.

Chow G C. 1993. Capital formation and economic growth in China[J]. The Quarterly Journal of Economic, 108(3): 809-842.

Chow G C, Li K W. 2002. China's economic growth: 1952-2010[J]. Economic Development and Cultural Change, 15(1): 247-256.

Clark P K. 1978. Capital formation and the recent productivity slowdown[J]. The Journal of Finance, 33: 965-975.

Collins S M, Bosworth B P. 1996. Economic growth in East Asia: accumulation versus assimilation[J]. Brookings Papers on Economic Activity, (2): 135-203.

Corsetti G, Pesenti P, Roubini N. 1998. Paper tigers? A preliminary assessment of the Asian crisis[R]. Paper prepared for NBER-Bank of Portugal International Seminar on Macroeconomics. Lisbon, June.

Davis H S. 1955. Productivity Accounting[M]. Philadelphia: University of Pennsylvania.

Denison E F. 1962. The sources of economic growth in the United States and the alternatives before US[R]. Committee for Economic Development.

Denison E F. 1967. Why Growth Rates Differ[M]. Washington, D.C.: Brookings Institution.

Denison E F. 1974. Accounting for United States Economic Growth 1929-1969[M]. Washington, D.C.: Brookings Institution.

Denison E F. 1985. Trends in American Economic Growth, 1929-1982[M]. Washington, D.C.: Brookings Institution.

Dessus S, Shea JD, Shi M S. 1995. Chinese Taipei: The origins of the economic miracle[M]. Washington, D.C.: OECD Publications and Information Center.

Dougherty C, Jorgenson D W. 1996. International comparisons of the sources of economic growth[J]. American Economic Review, 86: 25-29.

Dougherty J C. 1991. A comparison of productivity and economic growth in the G-7 countries[D]. Cambridge: Harvard University.

Durlauf S N, Quah D T. 1999. The new empirics of economic growth[J]. Handbook of Macroeconomics I, 1: 235-308.

Easterly W, Fischer S. 1994. The soviet economic decline[R]. The World Bank Policy Research Working Paper.

Echevarria C. 1997. Changes in sectoral composition associated with economic growth[J]. International Economic Review, 38(2): 431-452.

Elias V J. 1990. Sources of Growth: A Study of Seven Latin American Economies[M]. San Francisco: Institute for Contemporary Studies Press.

Fabricant S. 1954. Economic progress and economic change[R]. Thirty-fourth Annual Report, National Bureau of Economic Research.

Field R M. 1992. China's industrial performance since 1978[J]. The China Quarterly, (131): 577-606.

Foster L, Haltiwanger J, Syverson C. 2008. Reallocation, firm turnover, and efficiency: selection on productivity or profitability?[J]. American Economic Review, 98: 394-425.

Goldsmith R W. 1951. A perpetual inventory of national wealth[A]//Gainsburgh MR. Studies in Income and Wealth[C]. Princeton: Princeton University Press.

Gordon H, Li W. 1995. The Change in productivity of Chinese state enterprises, 1983-1987[J]. Journal of Productivity Analysis, 6: 5-26.

Grossman G M, Helpman E. 1991. Quality ladders in the theory of growth[J]. Review of Economic Studies, 58(1): 43-61.

Groves T, Hong Y M, McMillan J, et al. 1994. Autonomy and incentives in Chinese state enterprises[J]. The Quarterly Journal of Economics, 109 (1): 183-209.

Gu W L, Ho M S. 2000. A comparison of industrial productivity growth in Canada and the United States[J]. The American Economic Review, 90(2): 172-175.

Hicks J. 1981. Wealth and Welfare: Collected Essays in Economic Theory[M]. Cambridge: Harvard University Press.

Holz C A. 2002. Institutional constraints on the quality of statistics in a development and transitional economy: the case of China[J]. China Information, 16(1): 25-67.

Holz C A. 2006. New capital estimates for China[J]. China Economic Review, 17: 142-185.

Hsieh C T. 2002. What explains the industrial revolution in East Asia? Evidence from the factor markets[J]. The American Economic Review, 92 (3): 502-526.

Hu Z L, Khan M S. 1997. Why is China growing so fast?[J] IMF Staff Papers, 44(1): 103-131.

Islam N. 1999. International comparison of total factor productivity: a review[J]. Review of Income and Wealth, 45(4): 493-518.

Iwatan S, Khan M S, Murao H. 2002. Sources of economic growth in East Asia: a nonparametric assessment[R]. IMF Working Papers.

Jefferson G H, Rawski T G, Wang L, et al. 2000. Ownership, Productivity Change and Financial Performance in Chinese Industry[J]. Journal of Comparative Economics, 28: 786-813.

Jefferson G H, Rawski T G, Zheng Y X. 1996. Chinese industrial productivity: trends, measurement issues and recent development[J]. Journal of Comparative Economics, 23 (2): 146-180.

Jorgenson D W. 1963. Capital theory and investment behavior[J]. The American Economic Review, 53(2): 247-259.

Jorgenson D W. 1988. Productivity and postwar U. S. economic growth[J]. The Journal of Economic Perspectives, 2(4): 23-41.

Jorgenson D W, Gollop F M, Fraumeni B M. 1987. Productivity and U.S. Economic Growth[M]. Cambridge: Harvard University Press.

Jorgenson D W, Griliches Z. 1967. The explanation of productivity change[J]. Review of Economic Studies, 34(3): 249-283.

Jorgenson D W, Ho M S, Samuels J D, et al. 2008. Industry origins of the American productivity resurgence[J]. Interdisciplinary Information Sciences, 14(1): 43-59.

Kendrick J W. 1956. Productivity trends: capital and labor[J]. The Review of Economics and Statistics, 38(3): 248-257.

Khanin G I. 1995. Soviet economic growth: an analysis of western assessments[J]. Economic Journal, 105(432): 1282-1284.

Kim B Y, Kim S J, Lee K. 2007. Assessing the economic performance of North Korea, 1954-1989: estimates and growth accounting analysis[J]. Journal of Comparative Economics, 35(3): 564-582.

Kim J I, Lau L J. 1996. The source of Asian pacific economic growth[J]. The Canadian Journal of Economics/Revue Canadienne d'Economique, 29: S448-S454.

Knight F H. 1944. Diminishing returns from investment[J]. Journal of Political Economy, 52: 26-47.

Koopmans T. 1965. On the concept of optimal economic growth, in the econometric approach to development planning[R]. Amsterdam: North Holland.

Krugman P. 1994. The myth of Asia's miracle[J]. Foreign Affairs, 73(6): 62-78.

Krugman P. 1998. Will Asia Bounce Back?[R]. Speech for Credit Suisse First Boston, Hong Kong.

Kuznets S. 1957. Quantitative aspects of the economic growth of nations: Ⅱ. industrial distribution of national product and labor force[J]. Economic Development and Cultural Change, 5: 1-111.

Kuznets S. 1971. Modern Economic Growth: Rate, Structure, and Spread[M]. New Haven: Yale University Press.

Kuznets S. 1973. Modern economic growth: findings and reflections[J]. American Economic Review, 63(3): 247-258.

Kyriacou G A. 1991. Level and growth effects of human capital, a cross-country study of the convergence hypothesis[R]. Working Paper, New York University.

Lau L J, Park J. 2003. The sources of east of Asian economic growth revisited[R]. Prepared for the Conference on International and Development Economics in Honor Henry Y. Wan, Jr. , Cornell Unviersity, Ithaca.

Li W. 1997. The impact of economic reform on the performance of Chinese state enterprises, 1980-1989[J]. Journal of Political Economy, 105: 1080-1106.

Liang H, Yi E. 2005. China's ascent: can the middle kingdom meet its dreams?[R]. Global Economics Paper No. 133.

Lindbeck A. 1983. The recent slowdown of productivity growth[J]. The Economic Journal, 93 (369): 13-34.

Lo D. 1999. Reappraising the performance of China's state-owned industrial enterprises, 1980-96[J]. Cambridge Journal of Economics, 23: 693-718.

Lucas R E. 1988. On the mechanics of economic development[J]. Journal of Monetary Economics, 22: 3-42.

Maddison A. 1952. Productivity in an expanding economy[J]. The Economic Journal, 247: 584-594.

Maddison A. 1982. A comparison of levels of GDP per capita in developed and developing countries, 1700-1980[J]. Journal of Economic History, 43: 27-41.

Maddison A. 1987. Growth and slowdown in advanced capitalist economies: techniques of quantitative assessment[J]. Journal of Economic Literature, 25(2): 649-698.

Maddison A. 1989. The World Economy in the 20th Century, Development Center of the Organization for Economic Cooperation and Development[M]. Paris: Organization for Economic Co-operation and Development.

Maddison A. 2001. The World Economy: A Millennial Perspective[M]. Paris: Organization for Economic Co-operation and Development.

Maddison A. 2003. The World Economy: Historical Statistics[M]. Paris: Organization for Economic Co-operation and Development.

Maddison A. 2007. Chinese Economic Performance in the Long Run [M]. Paris: Organization for Economic Co-operation and Development.

Malthus T R. 1798. An Essay on the Principle of Population (1798) [M]. London: W. Pickering.

Mankiw N G, Romer D, Weil D N. 1992. A contribution to the empirics of economic growth[J]. Quarterly Journal of Economics, 107: 407-438.

Masell B F. 1961. A disaggregated view of technical change[J]. The Journal of Political Economy, 69: 547-557.

Mastromarco C, Ghosh S. 2009. Foreign capital, human capital, and efficiency: a stochastic frontier analysis for developing countries[J]. World Development, 37(2): 489-502.

Mokyr J. 1990. The Lever of Riches[M]. Oxford: Oxford University Press.

Nordhaus W D. 2002. Productivity growth and the new economy[J]. Brookings Papers on Economy

Activity, 2: 211-244.

Norsworthy J R , Harper M J, Kunze K. 1979. The slowdown in productivity growth: analysis of some contributing factors[J]. Brookings Papers on Economic Activity, 1979 (2): 387-421.

Ofer G. 1987. Soviet Economic Growth: 1928-1985[J]. Journal of Economic Literature, 25 (4): 1767-1833.

Pack H. 1992. Technology gaps between developed and developing countries: are there dividends for latecomers?[EB].

Peneder M. 2003. Structural Change and Aggregate Growth[J]. Structural Change and Economic Dynamics, 14: 427-448.

Perkins D H. 1998. Reforming China's economic system[J]. Journal of Economic Literature, 26(2): 601-645.

Pratt A N, Yu B, Fan S G. 2009. The total factor productivity in China and India: new measures and approaches[J]. China Agricultural Economic Review, 1(1): 9-22.

Pritchett L. 1997. Divergence, big-time[J]. Journal of Economic Perspectives, 11: 3-17.

Qin D, Song H Y. 2009. Sources of investment inefficiency: the case of fixed-asset investment in China[J]. Journal of Development Economics, 90(1): 94-105.

Radelet S, Sachs J D, Cooper R N, et al. 1998. The East Asian financial crisis: diagnosis, remedies, prospects[R]. Booking Papers on Economic Activity, I: 1-74.

Ramsey F. 1928. A mathematical theory of saving[J]. Economic Journal, 38: 543-559.

Rebelo S. 1991. Long-run policy analysis and long-run growth[J]. Journal of Political Economics, 34: 380-400.

Ricardo D. 1817. On the Principles of Political Economy and Eaxation [M]. Cambridge: Cambridge University Press.

Romer P. 1986. Increasing returns and long-run growth[J]. Journal of Political Economy, 98: 71-102.

Romer P. 1987. Growth based on increasing returns due to specialization[J]. American Economic Review, 77(2): 56-62.

Romer P. 1990. Endogenous technological change[J]. Journal of Monetary Economics, 32: 543-573.

Rostow W W. 1971. The Stages of Economic Growth[M]. Cambridge: Cambridge University Press.

Sala-i-Martin X. 1990. On growth and states[D]. Ph. D. Dissertation, Harvard University.

Schmookler J. 1952. The changing efficiency of the American economy, 1869-1938[J]. Review of Economics and Statistics, 34(3): 214-231.

Schultz T W. 1962. Reflection on investment in man[J]. Journal of Political Economy, 70: 1-8.

Schumpeter J A. 1934. The Theory of Economic Development[M]. Cambridge: Harvard University Press.

Smith A. 1776. An Inquiry into the Nature and Causes of the Wealth of Nations (1776) [M]. Chicago: The University of Chicago Press.

Söderbom M, Teal F. 2003. Openness and human capital as sources of productivity growth: an empirical investigation[R]. Centre for the Study of African Economies WPS/2003-06. University of Oxford.

Solow R M. 1956. A contribution to the theory of economic growth[J]. Quarterly Journal of

Economics, 70: 65-94.

Solow R M. 1957. Technical change and the aggregate production function[J]. The Review of Economics and Statistics, 39(3): 312-320.

Stiroh K J. 2002. Information technology and the U. S. productivity revival: what do the industry data say?[J]. American Economic Review, 92: 1559-1576.

Sun C H. 2004. Decomposing productivity growth in Taiwan's manufacturing, 1981-1999[J]. Journal of Asian Economics, 15: 759-776.

Swan T W. 1956. Economic growth and capital accumulation[J]. Economic Record, 32(63): 334-361.

Syrquin M. 1984. Resource reallocation and productivity growth[J]. Economic Structure and Performance, 1984: 75-101.

Syrquin M. 2005. Patterns of structural change[J]. Handbook of Development Econoimcs, 1: 203-273.

Szirmai A, Ren R E. 1995. China's manufacturing performance in comparative perspective, 1980-1992[R]. Research Memorandum 581(CD-20) Groningen Growth and Development Centre, Groningen.

Szirmai A, 柏满迎, 任若恩. 2002. 中国制造业劳动生产率: 1980—1999[J]. 经济学(季刊), 1(4): 863-884.

Temple J. 1999. The new growth evidence[J]. Journal of Economic Literature, 37: 112-156.

Timmer M P, Szirmai A. 2000. Productivity growth in Asian manufacturing: the structural bonus hypothesis examined[J]. Structural Change and Economic Dyanmics, 11: 371-392.

Wan G H. 1995. Technical change in Chinese state industry: a new approach[J]. Journal of Comparative Economics, 21: 308-325.

Wang L L, Szirmai A. 2008. Regional capital inputs in Chinese industry and manufacturing, 1978-2003[R]. Ggdc Research Memorandum, 2008: 28.

Wang Y, Yao Y D. 2003. Sources of China's economic growth 1952-1999: incorportatin human capital accumulatin[J]. China Economic Review, 14: 32-52.

Watson P K. 1983. Kalman filtering as an alternative to ordinary least squares: some theoretical considerations and empirical results[J]. Empirical Economics, 8: 71-85.

Wolff E N. 1985. Industrial composition, interindustry effects, and the U. S. productivity slowdown[J]. The Review of Economic and Statistics, 67: 268-277.

Woo W T, Fan G, Hai W, et al. 1993. The efficiency and macroeconomic consequence of Chinese enterprise reform[J]. China Economic Review, (4): 153-168.

Woo W, Hai W, Jin Y B, et al. 1994. How successful has chinese enterprise reform been? Pitfalls in opposite biases and focus[J]. Journal of Comparative Economics, 18: 410-437.

World Bank. 1993. The East Asian Miracle: Economic Growth and Public Policy[M]. Oxford: Oxford University Press.

Wu H X. 1997. Reconstructing Chinese GDP according to the national accounts concepts of value added: the industrial sector[R]. COPPAA Paper No. 4, Griffth University, Brisbane.

Wu H X. 2000. Comparative labour productivity in the Chinese and U. S. manufacturing: could structural changes explain the gap?[R]. Paper Prepared for the 26th General Conference of the International Association for Research in Income and Wealth Cracow, Poland.

Wu H X. 2002. How fast has Chinese industry grown?Measuring the real output of Chinese industry[J]. Review of Income and Wealth, 48(2): 179-204.

Wu H X, Xu X P. 2007. How productivity is Chinese industry?[R]. Paper Prepared for the Conference of 'A Comparison of the Productivity of Japanese, Chinese, Korean and European Firms'.

Wu Y R. 2004. China's Economic Growth: A Miracle with Chinese Characteristics[M]. London and New York: Routledge Curzon.

Young A. 1928. Increasing returns and economic progress[J]. Economic Journal, 38: 527-542.

Young A. 1991. Learning by doing and the dynamic effects of international trade[J]. Quarterly Journal of Economics, 106: 369-405.

Young A. 1992. A tale of two cities: factor accumulation and technical change in Hong Kong and Singapore[J]. NBER Macroeconomics Annual, 7: 13-63.

Young A. 1994. Lessons from the East Asian NICs: a contrarian view[J]. European Economic Review, 38(3): 964-973.

Young A. 1995. The tyranny of numbers: confronting the statistical realities of the East Asian growth experience[J]. Quarterly Journal of Economics, 110: 641-680.

Young A. 1998. Alternative estimates of productivity growth in the NIC's: a comment on the findings of Chang-Tai Hsieh[R]. NBER Working Paper. No. 6657.

Young A. 2003. Gold into base metals: productivity growth in the people's republic of China during the reform period[J]. The Journal of Political Economy, 111(6): 1220-1261.